공부의 힘을 길러주는
초등 신문 독해 ❶

공부의 힘을 길러주는
초등 신문 독해 1

어린이가 꼭 알아야 할 신문 기사 30편

글 정형권·김정원

성림주니어북

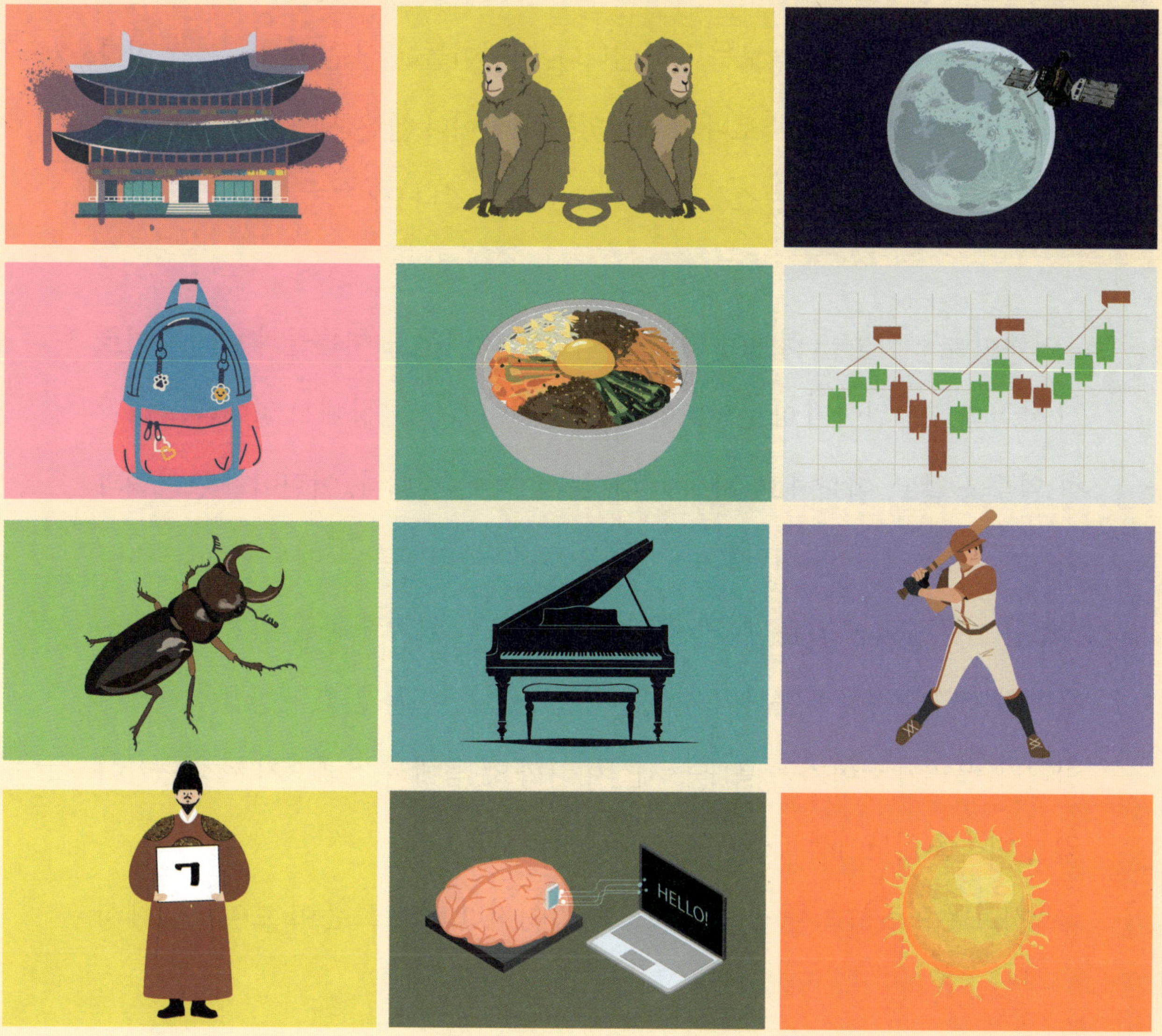

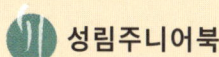

"신문을 읽는다는 것"

'에이, 요새 누가 신문을 봐.'

어른들도 종이신문보다는 스마트폰으로 인터넷 포털 창에 뜨는 기사를 읽거나 유튜브로 뉴스 영상을 보는 시대입니다. 어린이들은 신문 기사나 뉴스 영상을 얼마나 접할까요? 뉴스보다는 재미있는 영상이나 짧은 시간에 소소한 재미를 느낄 수 있는 쇼츠나 릴스를 많이 보고 있지는 않나요?

어린이들도 신문을 읽어야 합니다. 어린이 여러분도 어른들과 마찬가지로 이 사회의 구성원이기 때문입니다. 자신이 살아가는 세상에서 일어나는 다양한 일들을 알고, 이해하고, 자신의 의견을 가져야 합니다. 어린이가 판단력과 비판력을 갖춘 성숙한 시민으로 성장하는 데 신문의 역할은 매우 중요합니다.

또한 신문을 읽는 것은 책을 읽는 것만큼 중요한 읽기 활동입니다. 책을 읽어 문학적 소양과 다양한 분야의 지식을 쌓는 한편, 신문을 읽고 세상을 이해해야 합니다. 우리가 살아가는 무대는 세상이니까요. 책에서 전해주지 못하는 살아 있는 지식을 신문에서 배울 수 있습니다.

스마트폰으로 뉴스를 접하는 것도 방법이지만, 스마트폰이 보여주는 세상

소식은 좁고 한정적입니다. 자신이 평소 찾아보는 것과 비슷한 분야를 추천해서 띄워주기 때문이지요. 우리는 다양한 분야를 종합해서 볼 수 있는 눈이 필요합니다. 그래서 이 책을 기획하게 되었습니다.

 이 책에는 주로 2024년 한 해 동안 일간지에 실린 기사 중에서 유용한 기사들을 선별해 실었습니다. 하루에 하나씩, 일주일 동안 다양한 분야의 기사를 골고루 접할 수 있도록 다섯 개씩 묶어 구성했습니다. 기사를 그냥 읽고 마는 것이 아니라 자신이 제대로 읽은 것인지 확인하면서 독해력을 키울 수 있도록 기사마다 '깊이 읽기' 문제를 배치했습니다. 또 일주일에 한 번씩은 자신이 직접 기사문을 작성해 보도록 글쓰기 코너를 마련했습니다.

 '아는 만큼 보인다'는 말이 있지요? 내가 살고 있는 이 세계가 어떻게 돌아가는지 더 자세히 알게 되면 수업 시간에 배우는 내용이 현실감 있게 다가오고, 재미와 흥미를 느낄 수 있어요. 책에 소개된 기사를 꾸준히 읽다 보면 독해력, 문해력이 좋아지게 됩니다. 책을 읽거나 다른 사람의 이야기를 들을 때 글이나 말의 맥락을 이해해 그 내용을 더 잘 알 수 있게 돼요.

이 책 속의 기사를 하루 한 꼭지씩 읽어보세요. 평소 관심이 없는 분야를 다룬 기사나 조금 어렵게 느껴지는 기사는 소리를 내어 반복해서 읽어보세요. 문제도 풀고 글쓰기 연습도 하라니 귀찮을 거예요. 하지만 영양가 있는 음식을 먹는다는 생각으로 매일 조금씩 읽고 쓰다 보면 몸이 점점 자라고 건강해지는 것처럼 어느새 읽기, 쓰기 실력이 좋아져 있을 거예요.

이 책을 통해 여러분의 세상을 보는 안목과 독해력, 글 쓰는 힘을 키우고, 신문과 더욱 가까워지기를 기원합니다.

이 책은 이렇게 활용해 보세요

- 매일 한 꼭지씩 새로운 기사를 읽어보세요. 날마다 다양한 분야를 골고루 접하면서 세상을 보는 눈을 키울 수 있습니다.

- '기사'와 '시사 상식'을 정독한 뒤 '깊이 읽기' 문제를 풀어보며 독해 연습을 해 보세요. 기사 내용을 정리하는 동시에 자신이 놓친 내용을 파악하며 독해력을 키울 수 있습니다.

- '생각해 보기'의 질문을 읽어보고 스스로 답해보세요. 기사 내용을 이해하는 것에서 끝내는 것이 아니라 자신의 경험이나 생각과 연관 지어 보면서 기사 내용을 온전히 자기 것으로 만들 수 있어요. 친구나 가족에게 기사 내용을 소개한 뒤 함께 토론해 보면 비판적 사고력을 키우는 데 더욱 좋습니다.

- 다섯 꼭지를 읽은 뒤에는 '종합 독해력 문제'를 풀어보세요. 어휘력과 문해력을 기를 수 있습니다.

- '글쓰기 연습'을 통해 다양한 기사문을 써 보세요. 기사문의 조건과 형식을 익힌 뒤 각각 다른 주제로 글쓰기 연습을 해 보세요. 생활문, 독서감상문, 기행문, 설명문 등을 기사문 형식으로 써 볼 수 있도록 구성했습니다. 기사문의 형식을 따르는 것이 중요하지만 육하원칙에 너무 얽매이지 말고, 읽는 사람이 이해하기 쉽게 쓰는 것을 목표로 해 보세요.

차례

서문 신문을 읽는다는 것

1주 Week1

01	국제	헤이 구글, 비빔밥 레시피 알려줘	12
02	사회	낙서 지운 경복궁 담	16
03	사회	나무젓가락 오래 사용하면 암에 걸린다고요?	20
04	과학	붉은털원숭이 복제 성공	24
05	국제	안녕, 푸바오!	28

종합 독해력 문제 1   32
글쓰기 1: 기사문에 대해 알아보기   34

2주 Week2

06	과학	다누리 1주년 기념 다큐멘터리 공개	38
07	교육	학교에 불쑥 찾아오시면 안 돼요	42
08	경제	사과값을 따라 물가가 올라요	46
09	문화	'떡볶이', '달고나'가 옥스퍼드 영어 사전에 올라간대요	50
10	사회	나를 위로해 주는 반려 돌	54

종합 독해력 문제 2   58
글쓰기 2: 제목 짓기, 전문 쓰기   60

3주 Week3

11	과학	벚꽃 없는 벚꽃 축제	64
12	사회	초등학생은 이제부터 SNS 가입 금지입니다	68
13	국제	토마토수프를 뒤집어쓴 고흐의 〈해바라기〉	72
14	문화	100살이 된 동요 〈반달〉	76
15	경제	그 주식, 나만 아직 못 산 거야?	80

종합 독해력 문제 3   84
글쓰기 3: 겪은 일로 기사문 쓰기   86

4주 Week4

16	문화	'문화재'가 아니라 '국가유산'이에요	90
17	경제	이 과자, 양이 좀 줄어든 것 같은데?	94
18	과학	해를 품은 달? 달을 품은 해?	98
19	국제	덴마크에서 리콜 조치된 핵불닭볶음면	102
20	사회	이젠 가성비보다 시성비	106

종합 독해력 문제 4   110
글쓰기 4: 여행 경험으로 기사문 쓰기   112

5주 Week5

21	사회	내 의견을 구독 취소로 보여주겠어!	116
22	교육	학교폭력 기록이 4년으로 늘어나요	120
23	과학	가정집 지붕 뚫은 우주쓰레기	124
24	사회	어린이 장화에서 발암물질이	128
25	사회	제로 슈거 음료 마시고 배탈 날 수도 있어요	132

종합 독해력 문제 5   136
글쓰기 5: 인물을 소개하는 기사문 쓰기   138

6주 Week6

26	경제	다이내믹 프라이싱	142
27	문화	일본 사도광산 유네스코 세계유산 등재	146
28	국제	이스라엘-팔레스타인 전쟁	150
29	과학	딥페이크 기술 어디까지 왔나	154
30	국제	파리로 간 아프가니스탄 여성들	158

종합 독해력 문제 6   162
글쓰기 6: 인터뷰 내용을 소개하는 기사문 쓰기   164

정답   166

Week 1

01 국제 | 헤이 구글, 비빔밥 레시피 알려줘
02 사회 | 낙서 지운 경복궁 담
03 사회 | 나무젓가락 오래 사용하면 암에 걸린다고요?
04 과학 | 붉은털원숭이 복제 성공
05 국제 | 안녕, 푸바오!

01 국제

헤이 구글, 비빔밥 레시피 알려줘

2023년12월

비빔밥[사진=픽사베이]

구글의 글로벌 검색 순위 레시피(조리법) 부문에서 '비빔밥'이 1위에 올랐어요.

2023년 12월 구글이 발표한 '올해의 검색어' 레시피 부문에서 우리나라의 비빔밥이 1위를 기록한 거예요. 2위는 스페인식 생선요리 '에스페토', 3위는 인도네시아 토착민들의 죽 요리 '파페타'가 차지했어요.

비빔밥을 가장 많이 검색한 나라는 인도였어요. 다음으로 싱가포르, 스웨덴, 필리핀 등의 나라 사람들이 비빔밥을 많이 검색했고, 우리나라 이용자들이 검색한 레시피 순위 10위 안에는 비빔밥이 없었어요. 인도나 싱가포르, 필리핀 같은 아시아 국가들은 한국 드라마와 영화를 많이 시청하는 나라들이에요. 드라마 속에 등장하는 한국 음식이나 문화에 대한 그들의 관심이 높아진 것으로 보여요.

비빔밥은 다양한 나물과 고기와 밥, 계란이 들어가 색깔이 예쁜 데다가 단백질, 탄수화물, 지방이 골고루 들어간 건강한 음식이에요. 고기를 빼고 비비면 채식 식단이 되기도 하고, 고추장과 참기름을 원하는 만큼 직접 넣어 비벼 먹는 것도 외국인에게는 재미

있는 경험이라고 해요. 팝스타˙ 마이클 잭슨은 비행기에서 기내식˙으로 비빔밥을 먹어본 후 비빔밥 마니아˙가 되었다고 해요.

한편 구글 검색 글로벌 TV 시리즈 부문에서는 우리 드라마 〈킹더랜드〉가 6위, 〈더 글로리〉가 7위에 올랐어요. 또 글로벌 음악 부문에서는 피프티피프티의 노래 '큐피드'가 5위, 방탄소년단(BTS)의 멤버 정국의 솔로곡 '세븐'이 10위를 차지했어요. 세계인들이 비빔밥뿐 아니라 다양한 한국 문화에 대해 점점 더 관심을 많이 갖는다는 것을 알 수 있어요.

어휘풀이
- **글로벌** global. 세계적인, 지구의
- **토착민** 대대로 그 땅에서 살고 있는 백성
- **시청** 눈으로 보고 귀로 들음
- **팝스타** pop star. 팝 음악을 전문적으로 부르는 유명한 가수
- **기내식** 비행기 안에서 승객이나 승무원에게 제공되는 식사
- **마니아** 어떤 한 가지 일에 몹시 열중하는 사람

생각해보기

· 세계인들에게 소개하고 싶은 우리나라 음식이 또 있나요?

· 영화나 드라마, 책을 보고 그 문화가 궁금해진 나라가 있나요?

시사상식

구글(google)

전 세계 최대의 인터넷 기업 중 하나예요. 가장 많은 사람이 사용하는 검색 엔진 서비스지요. 그래서 많은 사람들이 '검색한다'는 말을 '구글링한다'로 대신하기도 해요.
구글은 스탠퍼드 대학교의 대학원생이었던 세르게이 브린과 래리 페이지가 1998년에 만들었어요. 거대 기업으로 성장한 지금은 검색뿐 아니라 포털사이트, 유튜브, 스마트폰의 안드로이드 운영체제도 운영하고 있어요. 게다가 자율주행 자동차, 생명과학, 인공지능(AI), 우주 사업 등 다양한 사업도 하고 있지요.

깊이 읽기
신문 기사 속에서 다음 질문의 답을 찾아보세요.

1. 다음 ☐ 안에 알맞은 말을 쓰세요.

① '비빔밥'이 구글의 ☐☐ 순위 레시피 부문에서 1위를 했어요.

② 비빔밥을 가장 많이 검색한 나라는 ☐☐였어요.

2. 맞는 내용에는 O표, 틀린 내용에는 X표 하세요.

① 우리나라 이용자들도 비빔밥을 가장 많이 검색했어요. (　　)

② 외국인들은 음식을 제외한 우리나라 문화에는 관심이 없어요. (　　)

③ 비빔밥의 인기는 우리 드라마의 인기와 관련이 있어요. (　　)

3. 비빔밥을 많이 검색한 나라가 아닌 것을 고르세요.

① 인도　② 스위스　③ 싱가포르　④ 스웨덴

4. 비빔밥의 주요 재료가 아닌 것은 무엇인가요?

① 나물 ② 밥 ③ 계란 ④ 생선

5. ☐ 안에 알맞은 말을 넣어 기사 내용을 간추려 보세요.

우리나라의 ☐☐☐이 2023년 ☐☐의 글로벌 검색 순위 레시피 부문에서 1위를 했어요. 한국 ☐☐☐와 영화를 많이 보는 나라들이 비빔밥을 많이 검색했어요. 비빔밥뿐 아니라 한국 드라마와 노래도 검색 순위 10위 안에 있어서, 세계인들이 우리나라 ☐☐에 관심이 많다는 것을 알 수 있어요.

02 사회

낙서 지운 경복궁 담

2024년 1월

경복궁 담장 복원 [사진=문화재청(현 국가유산청)]

서울 경복궁의 담장이 1월 4일 다시 그 모습을 드러냈어요. 지난해 12월 낙서로 훼손되어 가림막으로 가리고 복구를 시작한 지 19일 만이에요.

지난해 12월 16일 새벽 1시 42분쯤 오가는 사람이 없는 시간에 임아무개(17) 군과 김아무개(16) 양이 경복궁 담장에 낙서를 했어요. 그들은 경복궁 영추문과 국립고궁박물관 주변 쪽문 등에 은색과 푸른색 스프레이로 불법 영상 공유 사이트를 알리는 문구를 반복해 남겼어요. 바로 다음 날인 17일 오후 10시 20분쯤에는 또 다른 사람이 경복궁 영추문 왼쪽 담벼락에 스프레이로 특정 가수의 이름과 앨범 제목 등을 쓰는 모방 범죄도 일어났어요.

훼손된 담장을 복구하는 데에는 최소 1억 원 이상이 들었다고 해요. 정부는 이 복구 비용을 모두 경복궁 담장 낙서 사건 관련자들에게 손해배상을 청구해 받아낼 예정이에요. 국가유산 훼손 행위가 얼마나 심각한 범죄행위인지 알리고 재발을 방지하기 위해서예요.

문화재청(현 국가유산청)은 이날 국가유산에 대한 훼손 방지 종합대책도 발표했어요. 경복궁, 창덕궁, 창경궁, 덕수궁 등 4대 궁궐과 종묘, 사직단의 외곽 담장에 방범용 CCTV를 추가 설치할 계획이에요. 그리고 야간에 자율적으로 2~4회 이뤄지던 순찰을 8회로 늘리고, 야간 관리 인력도 2배 늘리기로 했어요. 또 관람객과 일반 국민을 대상으로 국가유산 훼손 금지에 관한 안내 배너, 책자, 경고 방송, 소셜미디어 홍보 등을 강화할 예정이에요.

어휘풀이
- **훼손** 헐거나 깨뜨려서 못 쓰게 함
- **복구** 손상되기 이전의 상태로 회복되게 함
- **쪽문** 사람이 드나들도록 대문짝의 가운데나 한편에 따로 만든 작은 문
- **모방 범죄** 다른 범죄를 본떠서 저지른 범죄
- **손해배상** 법률의 규정에 따라 남에게 끼친 손해를 물어 줌
- **재발** 어떤 일이 다시 생기거나 일어남

생각해보기

· 국가유산을 훼손하는 사람에게 하고 싶은 말이 있나요?
_____

· 국가유산을 훼손한 사람에게 복구 비용을 받아내는 것에 대해 어떻게 생각하나요?
_____

시사상식

경복궁

이성계가 조선을 세우고 왕이 된 뒤 서울에 세운 정궁(궁중의 의식을 행하던 궁)이에요. 임진왜란 때 불탔던 것을 흥선대원군 때 다시 지었으나 일제강점기에 일제에 의해 훼손되었어요. 1991년부터 20년에 걸친 복원 공사 끝에 지금의 모습이 되었어요. 정문인 광화문, 중요한 행사를 치르던 근정전, 연회를 베풀던 경회루 등이 있어요. 우리나라 사람들은 물론 외국 관광객들도 많이 찾는 소중한 문화유산이에요.

깊이 읽기 신문 기사 속에서 다음 질문의 답을 찾아보세요.

1. 다음 ☐ 안에 알맞은 말을 쓰세요.

① 경복궁 담장이 ☐☐로 훼손되었다가 복구되었어요.

② 정부는 경복궁 담장 복구 비용을 낙서 사건 관련자들에게 ☐☐☐☐을 청구해 받아낼 예정이에요.

2. 맞는 내용에는 ○표, 틀린 내용에는 ✕표 하세요.

① 경복궁 담장이 복구되는 모든 과정을 시민들이 지켜보았어요. (   )

② 경복궁 담장 낙서 사건은 오가는 사람이 적은 야간에 일어났어요. (   )

③ 국가유산 훼손 방지를 위해 4대 궁궐의 야간 순찰을 줄이기로 했어요. (   )

3. 서울에 있는 4대 궁궐이 아닌 것은 무엇인가요?

① 경복궁   ② 창덕궁   ③ 창경궁   ④ 운현궁

4. 문화재청(현 국가유산청)이 국가유산 훼손 금지 안내를 강화하기로 한 매체가 아닌 것은 무엇인가요?

① 배너　② 문자메시지　③ 경고 방송　④ 소셜미디어 홍보

5. ☐ 안에 알맞은 말을 넣어 기사 내용을 간추려 보세요.

> 지난해 12월 낙서로 훼손되었던 ☐☐☐의 담장이 복구되어 1월 4일에 다시 공개되었어요. 1억 원이 넘는 엄청난 ☐☐☐☐은 낙서를 한 사람들에게 손해배상을 청구해 받을 예정이에요. 문화재청(현 국가유산청)은 방범용 CCTV를 추가 설치하고 순찰을 강화하는 등의 내용을 담은 ☐☐☐☐ 훼손 방지 종합대책을 발표했어요.

사회

나무젓가락 오래 사용하면 암에 걸린다고요?

2024년 8월

나무젓가락 [사진=픽사베이]

최근 중국에서 나무젓가락을 교체하지 않고 오랫동안 사용한 일가족이 암에 걸려 숨진 이야기가 방송됐어요.

홍콩의 한 매체가 전한 소식에 따르면 지난 7월 21일 대만의 한 TV 의학프로그램에 출연한 대만 린커우 장궁병원의 탄던쯔 수간호사가 나무젓가락을 세척하거나 교체하는 것이 중요하다고 말했어요. 그러면서 2013년 중국의 한 가족 4명이 암에 걸려 차례로 사망한 사례를 소개했어요.

전문가들은 이 가족이 곰팡이가 핀 나무젓가락과 나무 도마를 장기간 사용해 아플라톡신(aflatoxin)이라는 1급 발암물질을 섭취한 것이 그 원인일 것으로 추정했어요.

아플라톡신은 특정 곰팡이에 의해 만들어지는 유해 물질로 잘못 보관된 쌀, 옥수수, 땅콩, 커피 원두 등에서 종종 발견된다고 해요. 아플라톡신으로 오염된 식품을 섭취하면 출혈, 구토, 설사 등의 증상이 나타날 수 있고, 장기간 섭취할 경우 장기 손상을 가져와 암에 걸릴 수 있다고 해요.

쇠젓가락을 주로 사용하는 우리나라는 중국보다 나무젓가락을 덜 사용해요. 하지만 우리도 가정에서 사용하는 나무젓가락이나 튀김 젓가락, 나무 주걱, 나무 도마, 또 식당에서 나오는 나무젓가락, 어묵 꼬치 등에 주의해야 해요. 사용한 후에는 깨끗이 세척하고, 반드시 건조해서 보관해야 곰팡이 등의 세균 번식을 막을 수 있어요. 그리고 나무로 된 조리도구에 틈이 생기거나 깨지면 재사용하지 말고 새것으로 교체하는 것이 좋아요.

어휘풀이
- **교체** 사람이나 사물을 다른 사람이나 사물이 대신하여 바꿈
- **매체** 어떤 소식이나 사실을 널리 전달하는 물체나 수단. 신문, 책, 텔레비전, 인터넷 등
- **수간호사** 한 병원이나 의료 분과에서, 여러 간호사 가운데 우두머리
- **세척** 물건을 깨끗이 씻음
- **발암물질** 실험동물에 투여하거나 인간이 섭취했을 때 암을 발생시킬 확률이 높은 물질
- **특정** 특별히 지정함. 또는 그 특별한 지정

생각해보기

· 나무젓가락이 발암물질의 원인이 될 수 있다는 사실에 대해 어떻게 생각하나요?

· 이밖에 평상시 신경 써야 할 위생 습관에는 어떤 것들이 있나요?

시사상식

1급 발암물질

암이 일어나는 원인은 아직 다 밝혀지지 않았지만, 최근 의학계에서는 세포 변이가 일어나는 것을 암의 주요 원인으로 지목하고 있어요. 세포 이상을 불러와 암을 일으킬 수 있는 물질들을 '발암물질'이라고 해요. 그중 암을 일으키는 것이 확인된 물질을 '1급 발암물질'로 분류하고 있어요. 1급 발암물질에는 담배 연기, 알코올, 햇볕, 엑스선, B형 간염 바이러스 등 75종이 있어요.

깊이 읽기 신문 기사 속에서 다음 질문의 답을 찾아보세요.

1. 다음 ☐ 안에 알맞은 말을 쓰세요.

   ① 최근 중국의 한 가족이 ☐☐☐☐☐을 오래 사용해 암에 걸려 숨진 소식이 전해졌어요.

   ② 이 가족은 곰팡이가 핀 나무젓가락과 나무 도마를 통해 ☐☐☐☐☐이라는 1급 발암물질을 섭취한 것으로 추정됐어요.

2. 맞는 내용에는 ○표, 틀린 내용에는 ×표 하세요.

   ① 중국의 일가족 4명이 암으로 사망한 것은 2024년에 일어난 일이에요. ( )

   ② 아플라톡신은 특정 곰팡이에 의해 만들어지는 유해 물질이에요. ( )

   ③ 우리나라는 중국보다 나무젓가락을 많이 사용해요. ( )

3. 아플라톡신이 종종 발견되는 식품이 아닌 것은 무엇인가요?

   ① 쌀   ② 배추   ③ 옥수수   ④ 땅콩

4. 자주 교체해야 하는 조리도구가 아닌 것은 무엇인가요?

① 쇠젓가락　　　② 나무젓가락

③ 튀김 젓가락　　④ 어묵 꼬치

5. ☐ 안에 알맞은 말을 넣어 기사 내용을 간추려 보세요.

> 중국에서 일가족 4명이 ☐으로 숨진 일이 있었어요. 그 원인은 ☐☐☐가 핀 나무젓가락과 나무 도마를 오래 사용해 아플라톡신을 섭취한 것으로 추정됐어요. 나무로 된 조리도구는 깨끗이 ☐☐하고 건조해 보관하고, 오래된 것은 새것으로 ☐☐해야 건강을 지킬 수 있어요.

붉은털원숭이 복제 성공

2024년 1월

야생의 원숭이 [사진=픽사베이]

　세계 최초로 복제에 성공했던 붉은털원숭이가 2년 넘게 건강하게 지내고 있어요. 생리학적으로 인간과 매우 비슷한 붉은털원숭이가 복제되어 성체까지 자란 것은 이번이 처음이에요.

　중국 과학원 연구진은 16일(현지 시각) 국제 학술지 '네이처 커뮤니케이션스'에 붉은털원숭이 연구 결과를 발표했어요. 푸 파롱 박사는 '건강한 태반에 복제한 배아를 키워 얻은 붉은털원숭이가 2년 넘게 생존하는 데 성공했다'고 밝혔어요.

　체세포 복제는 1996년 영국에서 최초의 복제 포유동물인 복제 양 돌리를 탄생시키는 데 쓰인 기술이에요. 당시 연구진은 6살짜리 암컷 양의 유선 세포에서 추출한 핵을 다른 암컷의 난자 핵 자리에 넣은 뒤, 복제 배아를 대리모인 암컷 양의 자궁에 이식하는 방법을 사용했어요.

　중국 과학원 연구진은 여기에 '태반 교체'라는 새로운 방식을 추가했어요. 복제 배아에서 태반이 될 부분을 체외수정으로 만들어진 일반 배아의 태반으로 대체한 거예요. 이는 복제 성공률을 높이기 위한 선택이에요. 복제 양 돌리 이후 개, 고양이, 소, 말 등의 동물 복제가 체세포 복제 방식으로 이루어졌지만 성공률이 매우 낮았기 때문이에요.

붉은털원숭이는 1997년부터 여러 차례 체세포 복제에 성공했지만 출생 후 12시간 이내에 모두 숨졌어요. 이번 연구를 통해 체세포 복제에서 태반의 형성 과정이 매우 중요한 역할을 한다는 점이 밝혀졌어요.

연구진은 이 실험의 성공으로 '체세포 복제의 성공률을 높이고, 영양막에 영향을 미치는 특정 질환에도 적용할 수 있다'고 했어요. 그들은 영장류를 복제하는 목적이 질병 연구에 있다고 강조했어요. 실제 중국 과학자들은 2017년에 얻은 복제 원숭이를 연구해 항우울제 등의 약물 효능과 안전성을 시험했어요.

어휘풀이
- **복제** 본디의 것과 똑같이 만듦. 또는 그 만든 물건
- **성체** 성장하여 생식 능력을 지닌 동물
- **배아** 난할을 시작한 이후의 개체, 사람의 경우 7주가 넘어가면 태아라고 함
- **체세포** 생물체를 구성하고 있는 세포 중에서 생식 세포를 제외한 모든 세포
- **생리학** 생물의 생명현상을 자연과학적으로 연구하는 학문
- **태반** 임신 중 태아와 모체의 자궁을 연결하는 기관

생각해보기

· 동물 복제가 필요하다고 생각하나요? 그 이유는 무엇인가요?

· 동물들을 복제해 인간의 질병 연구 실험에 쓰는 것에 대해 어떻게 생각하나요?

시 사 상 식

복제 양 돌리

1996년 7월 5일 영국 로슬린에서 태어난 특별한 양이에요. 세계 최초 체세포 복제로 만들어진 동물이기 때문이에요. 연구진은 복제하려는 양의 유전자 정보가 들어 있는 체세포를 난자에 넣어 복제 수정란을 만들었어요. 그 수정란을 또 다른 양의 자궁에 착상시켜 키워냈어요. 돌리는 6년을 살고 다른 양보다 조금 일찍 죽었어요. 돌리 복제를 시작으로 다른 동물들을 복제하는 생명 공학의 발전이 빨라졌어요.

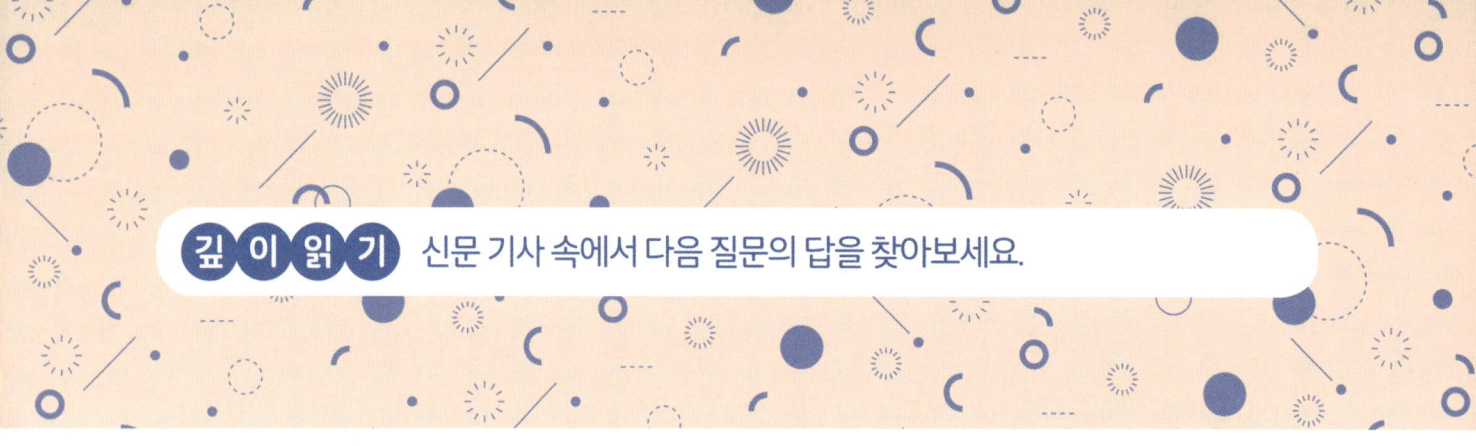

깊이 읽기 신문 기사 속에서 다음 질문의 답을 찾아보세요.

1. 다음 ☐ 안에 알맞은 말을 쓰세요.

① 세계 최초로 ☐☐에 성공했던 붉은털원숭이가 성체로 자라 건강하게 지내고 있어요.

② ☐☐ 과학원 연구진은 국제 학술지에 붉은털원숭이 연구 결과를 발표했어요.

2. 맞는 내용에는 ○표, 틀린 내용에는 X표 하세요.

① 체세포 복제는 돌리를 탄생시킨 기술이에요. (   )

② 돌리 이후 동물 복제는 성공률이 높았어요. (   )

③ 연구진은 영장류 복제 목적이 질병 연구라고 했어요. (   )

3. 복제 양 돌리가 태어나기까지 거친 과정이 아닌 것은 무엇인가요?

① 다른 양의 체세포에서 핵 추출   ② 암컷 양의 난자에 핵을 넣음

③ 복제 배아의 태반 교체   ④ 복제 배아를 대리모 양의 자궁에 이식

4. 이번 실험의 성공으로 밝혀진 사실은 무엇인가요?

① 체세포로 동물을 복제할 수 있다는 사실

② 체세포 복제에서 태반의 형성 과정이 중요하다는 사실

③ 체세포 복제로 태어난 영장류는 오래 살 수 없다는 사실

④ 붉은털원숭이는 수명이 2년 이상이라는 사실

5. ☐ 안에 알맞은 말을 넣어 기사 내용을 간추려 보세요.

> 중국 과학원 연구진이 세계 최초로 ☐☐☐ 원숭이 복제에 성공했다는 연구 결과를 발표했어요. 체세포 복제로 태어난 붉은털원숭이가 ☐☐가 되어 2년 넘게 건강히 지내고 있다고 해요. '☐☐ 교체' 기술로 실험에 성공한 연구진은 질병 연구를 목적으로 영장류를 복제하는 것이라고 했어요.

05 국제

안녕, 푸바오!

2024년 4월

푸바오 [사진=에버랜드 인스타그램]

  많은 사람의 사랑을 받던 판다 푸바오가 중국으로 떠났어요. 6,000여 명의 팬들은 빗속에서 푸바오에게 마지막 인사를 건넸어요.

  2024년 4월 3일 경기도 용인의 에버랜드 정문 앞에는 푸바오를 배웅하려는 팬들이 모였어요. 그들은 안정을 위해 특수 무진동 차량˙에 탑승˙해 공항으로 떠나는 푸바오에게 작별 인사를 했어요.

  에버랜드를 출발한 푸바오는 인천국제공항에서 중국 측이 제공한 전세기˙를 타고 쓰촨성에 있는 자이언트판다 보전연구센터 워룽 선수핑 기지로 향했어요. 중국중앙TV에서도 푸바오를 환영하며 귀국˙ 생방송을 진행했어요.

  푸바오는 2020년 7월20일 우리나라에서 처음으로 태어난 자이언트판다예요. 2016년 시진핑 중국 국가주석˙이 한중 친선의 의미로 보내온 판다 아이바오와 러바오 사이에서 태어났어요. '행복을 주는 보물'이라는 뜻의 '푸바오'라는 이름을 얻고, 팬들로부터 '푸공주', '푸뚠뚠' 등의 애칭으로 불리며 많은 사랑을 받았어요. 코로나19로 지쳐있던 많은 사람이 푸바오가 태어나고 성장하는 모습을 영상으로 지켜보면서 큰 위로를 받았어요.

많은 사람이 아쉬워하는데도 푸바오를 중국으로 보낸 것은 멸종 위기종 보전 협약 때문이에요. 중국을 제외한 국가에서 태어난 판다는 4세가 되기 전에 중국으로 보내게 되어 있어요. 그래서 푸바오의 쌍둥이 동생 루이바오와 후이바오도 2027년 중국으로 갈 예정이에요.

어휘풀이

- **무진동 차량** 특수한 스프링을 장착하여 진동이 없도록 설계한 차. 미술품이나 동물 따위를 운반할 때 사용한다.
- **탑승** 비행기나 배, 차 따위에 올라탐
- **전세기** 계약에 의하여 대가를 치르고 일정 기간 빌려 쓰는 비행기
- **귀국** 다른 나라에 있던 사람이 자기 나라로 돌아옴
- **국가주석** 사회주의 국가에서, 국가의 주권을 대표하는 최고 직위

생각해보기

· 푸바오를 배웅하러 간 사람들의 마음에 공감하나요?

· 자이언트판다는 다른 나라에서 태어났더라도 중국으로 보내야 한다는 협약에 대해 어떻게 생각하나요?

시사상식

워싱턴 협약(CITES)

정식 명칭은 '멸종 위기에 처한 야생 동식물의 국제 거래에 관한 협약'이에요. 1973년 미국 워싱턴에서 개최된 회의에서 채택된 협약이기 때문에 워싱턴 협약이라고도 해요. 우리나라는 1993년, 중국은 1981년에 가입했어요. 이 협약의 목적은 불법 거래나 국제 거래에 의해 멸종 위기에 처한 야생 동식물을 보호하는 것이에요. 중국의 자이언트판다는 이 협약에 의해 보호받기 때문에 다른 나라에서 태어난 아기 판다는 짝짓기가 가능해지는 4세가 되기 전에 중국으로 보내야 해요.

깊이 읽기 신문 기사 속에서 다음 질문의 답을 찾아보세요.

1. 다음 ☐ 안에 알맞은 말을 쓰세요.

① 많은 사람의 사랑을 받던 판다 푸바오가 ☐☐으로 떠났어요.

② 푸바오는 ☐☐☐ 차량을 타고 공항으로 출발했어요.

2. 맞는 내용에는 O표, 틀린 내용에는 X표 하세요.

① 떠나기 전 푸바오는 에버랜드에 있었어요. (   )

② 푸바오는 우리나라에서 태어났어요. (   )

③ 판다는 5세가 넘으면 중국으로 보내야 해요. (   )

3. 중국이 2016년에 아이바오와 러바오를 우리나라에 보내온 이유는 무엇인가요?

① 돈을 벌기 위해　　　② 판다를 홍보하기 위해

③ 두 나라의 친선을 위해　　　④ 우리나라의 요청으로

4. 푸바오라는 이름의 뜻은 무엇인가요?

　① 슬기로운 보물　　② 행복을 주는 보물

　③ 빛나는 보물　　　④ 사랑스러운 보물

5. ☐ 안에 알맞은 말을 넣어 기사 내용을 간추려 보세요.

> 많은 사람의 사랑을 받던 ☐☐ 푸바오가 중국으로 갔어요. 코로나19로 지쳐있던 많은 사람이 ☐☐☐가 태어나고 자라나는 모습을 영상으로 보면서 큰 ☐☐를 받았어요. 푸바오의 쌍둥이 동생 루이바오와 ☐☐☐ ☐도 2027년 중국으로 갈 예정이에요.

종합 독해력 문제 1

1. 각 설명에 알맞은 낱말을 보기에서 골라 쓰세요.

> **보기**
> 토착민   체세포   무진동   전세기

① 계약에 의하여 대가를 치르고 일정 기간 빌려 쓰는 비행기 (   )
② 대대로 그 땅에서 살고 있는 백성 (   )
③ 생물체를 구성하고 있는 세포 중에서 생식 세포를 제외한 모든 세포 (   )

2. 다음 글이 설명하는 대상이 무엇인지 쓰세요.

> · 2023 구글 글로벌 검색 순위 레시피 부문 1위
> · 우리나라의 전통 음식
> · 다양한 나물, 고기, 밥, 계란이 들어가는 건강한 음식
>
> 정답: _____

3. 다음 글을 읽고 경복궁 담장이 가림막으로 가려졌던 이유를 찾아보세요.

> 서울 경복궁의 담장이 1월 4일 다시 그 모습을 드러냈어요. 지난해 12월 낙서로 훼손되어 가림막으로 가리고 복구를 시작한 지 19일 만이에요.

① 겨울이라 추위로부터 보호하기 위해　② 낙서 때문에 지저분해 보였기 때문에
③ 재건축 공사 때문에　　　　　　　　④ 낙서로 훼손되어 복구하느라

4. 다음 밑줄 친 부분과 뜻이 같은 것을 고르세요.

> 탄던쯔 수간호사는 나무젓가락을 <u>세척하거나 교체하는</u> 것이 중요하다고 말했어요.

① 새로 사거나 다른 것으로 바꾸는　② 깨끗이 씻거나 버리는
③ 깨끗이 씻거나 새것으로 바꾸는　④ 새로 사거나 버리는

5. 다음 문장에서 '본디의 것과 똑같이 만듦, 또는 그 물건'을 뜻하는 낱말을 찾아 쓰세요.

> 중국 과학원의 푸파롱 박사는 '건강한 태반에 복제한 배아를 키워 얻은 붉은털 원숭이가 2년 넘게 생존하는 데 성공했다'고 밝혔어요.
>
> 정답: _____

글쓰기 1 - 기사문에 대해 알아보기

✌️ 기사문이란

다른 사람들에게 알릴 만한 가치가 있는 사실이나 사건을 빠르고 정확하게 전달하기 위해 쓰는 글이에요.

✌️ 기사문을 쓸 때는

① 실제 있었던 일을 꾸밈없이 써요.
② 한 문장에는 하나의 사실만 간결하게 써요.
③ 육하원칙에 따라 체계적으로 써요.
  👉 누가, 언제, 어디서, 무엇을, 어떻게, 왜

✌️ 기사문의 짜임은

① 제목: 기사의 핵심 내용이 잘 드러나도록 써요.
② 전문: 기사문 전체 내용을 요약해서 한두 문장으로 써요.
③ 본문: 구체적인 사실들을 문단별로 나누어서 써요.

✏️ 다음 글을 통해 기사문의 형식을 익히고, 빈칸에 알맞은 육하원칙을 써 보세요.

제목	낙서 지운 경복궁 담
전문	서울 경복궁의 담장이 1월 4일 다시 그 모습을 드러냈어요. 지난해 12월 낙서로 훼손되어 가림막으로 가리고 복구를 시작한 지 19일 만이에요. (어디서) (누가) (언제) (무엇을)
본문	지난해 12월 16일 새벽 1시 42분쯤 오가는 사람이 없는 시간에 임아무개(17) 군과 김아무개(16) 양이 경복궁 담장에 낙서를 했어요. 그들은 경복궁 영추문과 국립 고궁박물관 주변 쪽문 등에 은색과 푸른색 스프레이로 불법 영상 공유 사이트를 알리는 문구를 반복해 남겼어요. (누가) (어디서) (무엇을) (어떻게) 훼손된 담장을 복구하는 데에는 최소 1억 원 이상이 들었다고 해요. 정부는 이 복구 비용을 모두 경복궁 담장 낙서 사건 관련자들에게 손해배상을 청구해 받아낼 예정이에요. 국가유산 훼손 행위가 얼마나 심각한 범죄행위인지 알리고 재발을 방지하기 위해서예요.

정답: 언제, 누가, 무엇을, 어디게, 왜

Week2

06 과학 | 다누리 1주년 기념 다큐멘터리 공개
07 교육 | 학교에 불쑥 찾아오시면 안 돼요
08 경제 | 사과값을 따라 물가가 올라요
09 문화 | '떡볶이', '달고나'가 옥스퍼드 영어 사전에 올라간대요
10 사회 | 나를 위로해주는 반려 돌

06 과학

다누리 1주년 기념 다큐멘터리 공개

2024년 1월

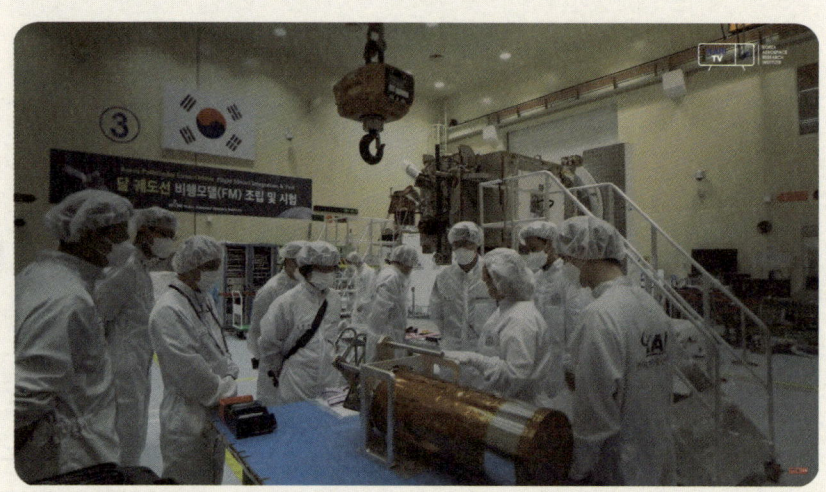

〈개척자들, 달의 문을 열다〉 다큐멘터리 방송 화면 [자료=한국항공우주연구원 KARI TV]

1월 1일 한국항공우주연구원은 공식 유튜브 계정에 〈개척자들, 달의 문을 열다〉라는 다큐멘터리를 공개했어요. 한국형 달 탐사선˙ '다누리'의 달 궤도˙ 진입 1주년을 기념해 만든 영상이라고 해요.

약 35분 분량의 이 다큐멘터리에는 다누리 개발의 모든 과정이 우리나라 연구자들과 미국항공우주국(NASA) 전문가들의 인터뷰와 함께 담겨 있어요. 우리나라가 전 세계 일곱 번째로 달 탐사 국가가 될 수 있었던 것은 우리 연구진이 7년 동안 달 탐사선 발사를 준비하며 수많은 시련을 극복해 냈기 때문이라는 것을 확인할 수 있어요.

다누리 개발 초기에는 연구원들을 대상으로 실시한 내부˙ 설문조사에서 달 탐사 임무가 실패할 것이라고 답한 응답자가 85%였을 정도로 전망이 어두웠어요. 탐사선의 무게와 연료 문제 때문에 궤도를 전면˙ 수정해야 했을 때도 7개월 안에 그 문제를 해결해야 하는 벽에 부딪혔어요. 그러나 수많은 밤샘 작업과 회의 끝에 '탄도형 달 전이 방식'(BLT. 지구와 달, 태양의 중력을 이용해 달 궤도에 진입하는 방식)으로 궤적˙을 설계해야 한다는 결론에 도달했고, NASA 측도 같은 결론을 내렸다며 동의했어요.

　탐사선을 다 만든 뒤 발사 장소인 미국 플로리다까지 수송하는 일도 쉽지 않았어요. 우크라이나의 안토노프 수송기를 통해 옮길 예정이었지만 그 무렵 러시아-우크라이나 전쟁이 시작되어 미국의 보잉 747로 급히 변경해야 했어요.

　2022년 8월 5일에 발사되어 2022년 12월 26일 달 궤도 진입에 성공한 다누리는 지금까지 안정적으로 달 궤도를 돌면서 임무를 수행하며 미국항공우주국(NASA)과도 지속적으로 협력하고 있어요.

어휘풀이
- **탐사선** 알려지지 않은 장소나 사물을 더듬어 살피고 조사하기 위한 배나 우주선
- **궤도** 행성이나 혜성, 인공위성 따위가 중력의 영향을 받아 다른 천체의 주위를 돌면서 그리는 일정한 곡선의 길
- **내부** 나름의 단일한 질서를 전제하는 일정한 범위의 안
- **전면** 일정한 범위 안의 모든 부분
- **궤적** 점이 일정한 조건에 따라 움직일 때 그려지는 도형
- **수송** 기차, 항공기, 배, 자동차 등의 운송 수단으로, 사람이나 짐 따위를 실어 옮김

생각해보기

- 탐사선을 달 궤도로 보낸 우리나라 과학자들에게 하고 싶은 말이 있나요?

- 앞의 기사 속 과학자들처럼, 나에게도 어려움을 극복한 경험이 있나요?

시사상식

다누리

한국형 달 궤도선(Korea Pathfinder Lunar Orbiter, KPLO)이에요. '다누리'라는 이름은 '달'과 '누리다'를 합성한 말로, 달을 다 누리고 오라는 의미예요. 다누리에는 NASA의 특수 카메라, 고해상도 카메라, 자원 탐사 장비, 적외선과 암석 측정 장치 등이 실려 있어요. 다누리는 달을 관측하고, 달 탐사선이 착륙할 수 있는 후보지를 탐색하고, 달 표면의 물질과 자기장 등을 연구하고, 우주 인터넷 기술 등을 검증하는 등의 임무를 수행하고 있어요. 임무 수행 기간은 2023년 12월까지였으나 2025년 12월까지 연장되었어요.

깊이 읽기 신문 기사 속에서 다음 질문의 답을 찾아보세요.

1. 다음 ☐ 안에 알맞은 말을 쓰세요.

① 한국항공우주연구원은 한국형 달 탐사선 '다누리' 관련 ☐☐☐☐☐를 공개했어요.

② 다누리의 성공으로 우리나라는 세계에서 ☐번째로 달 탐사 국가가 되어요.

2. 맞는 내용에는 O표, 틀린 내용에는 X표 하세요.

① 이 다큐멘터리에는 우리나라 연구자들의 인터뷰만 담겼어요. (　)

② 다누리 궤도를 전면 수정해야 했을 때 남은 시간은 7개월 밖에 없었어요. (　)

③ 다누리는 2022년 8월 5일, 발사에 성공했어요. (　)

3. 다누리 개발 초기 설문조사에서 달 탐사 임무가 실패할 것이라는 응답은 얼마였나요?

① 15%　② 55%　③ 75%　④ 85%

4. 다누리 수송 과정에서 생긴 문제는 무엇인가요?

① 궤도 전면 수정

② 연구자들의 반대

③ 러시아-우크라이나 전쟁

④ 미국항공우주국(NASA)의 방해

5. ☐ 안에 알맞은 말을 넣어 기사 내용을 간추려 보세요.

한국☐☐☐☐연구원은 한국형 달 탐사선 '다누리'의 달 ☐☐ 진입 1주년을 기념해 다큐멘터리를 공개했어요. 다누리 개발의 모든 과정이 담긴 이 영상에는 다누리 개발을 위해 수많은 ☐☐을 극복해 낸 연구진들의 끈질긴 노력이 담겨 있어요.

학교에 불쑥 찾아오시면 안 돼요

2024년 8월

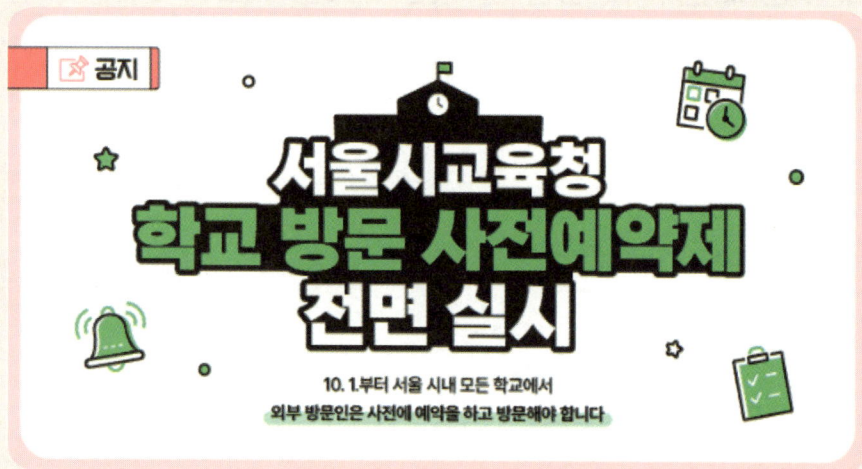

서울시교육청 학교 방문 사전예약제 공고 [출처=서울시교육청 홈페이지]

오는 10월부터 서울 지역에 있는 모든 초중고등학교를 방문하는 외부인°들은 사전° 예약을 해야 해요.

서울시교육청은 10월 1일부터 관내 모든 학교에서 '학교 방문 사전 예약제'를 전면 실시한다고 밝혔어요. 이에 따라 학생이나 교직원°이 아닌 학부모나 외부인 등이 학교로 들어가려면 미리 학교에 연락해 승인을 받아야 해요. 사전 예약은 상용° 소프트웨어, 각 학교 홈페이지, e알리미(알림장 앱), 전화 등을 통해 할 수 있어요. 예약하지 않은 방문인은 학교가 출입을 거부할 수 있어요.

학교 방문 사전 예약제가 시행되는 까닭은 안전한 학교를 만들기 위해서예요. 조희연 서울시 교육감은 "조금 불편함이 있더라도 학생과 교직원 모두가 안전한 학교를 만들고자 한다"고 했어요. 교육부에 따르면, 2023년 한 해 동안 5,040건의 교권 침해° 사건이 보고되었다고 해요. 특히 폭행을 당한 교사가 1,464명에 이르러 학생은 물론 교직원 보호가 시급한 상황이에요.

한 설문조사 결과, 작년 11월부터 학교 방문 사전 예약제를 시범 실시했던 여러 학교의 교직원 252명 중 71%가 이 제도의 전면 도입에 찬성한다고 응답했어요. 그러나 학부모들은 자신들을 위험한 사람으로 보는 학교가 폐쇄적이라고 비판하기도 해요. '내 자녀를 만나러 학교에 가는데 사전 예약을 해야 하나'하는 민원도 있고, 디지털 기기 사용에 익숙지 않은 조부모 등은 사용이 어려울 거라는 지적도 있어요.

어휘풀이
- **외부인** 어떤 조직 따위에 속하지 않는 사람
- **사전** 무슨 일이 일어나기 전
- **교직원** 학교에 근무하는 교원(교사) 및 사무직원을 통틀어 이르는 말
- **상용** 일상적으로 늘 씀
- **교권** 교육자로서의 권리나 권위
- **침해** 남의 권리나 재산 따위를 함부로 침범하여 손해를 끼침
- **폐쇄적** 외부와 통하거나 교류하지 않는

생각해보기

- 학교 방문 사전예약제에 찬성(혹은 반대)하나요? 그 이유는 무엇인가요?

- 교권 침해를 막고 안전한 학교를 만들 수 있는 또 다른 방법을 생각해 보세요.

시사상식

교권 침해

교권 침해는 교사의 권리나 권위를 무시하거나 침해하는 행위를 말해요. 최근 학생이나 학부모가 교사에게 폭언 또는 폭행을 하거나 학교 인근 주민이 학교나 교사에게 부당한 요구를 하는 등 교권 침해가 점점 늘어나고 있어요. 이러한 행위는 교사의 교육 활동을 방해하고 교사의 인권을 침해할 뿐 아니라 학생들의 학습권에도 영향을 미칠 수 있어요.

깊이읽기 신문 기사 속에서 다음 질문의 답을 찾아보세요.

1. 다음 ☐ 안에 알맞은 말을 쓰세요.

① 10월부터 서울에 있는 초중고등학교를 방문하는 외부인들은 ☐☐☐☐을 해야 해요.

② 이 제도는 ☐☐☐ 학교를 만들기 위해 시행하게 되었어요.

2. 맞는 내용에는 O표, 틀린 내용에는 X표 하세요.

① 학교 방문 사전 예약제는 전국에서 시행되는 제도예요. (   )

② 앞으로는 학부모나 외부인들은 학교의 승인을 받아야 학교에 방문할 수 있어요. (   )

③ 여러 학교의 교직원들이 이 제도 도입에 찬성했어요. (   )

3. 학교 방문 사전 예약을 할 수 있는 방법이 아닌 것은 무엇인가요?

① 학교 홈페이지   ② e알리미   ③ 전화   ④ e메일

4. 학교를 방문할 때 사전 예약을 해야 하는 사람은 누구인가요?

　① 교사　　② 학부모　　③ 학생　　④ 행정실 직원

5. ☐ 안에 알맞은 말을 넣어 기사 내용을 간추려 보세요.

> 서울시 ☐☐☐은 10월 1일부터 학교 방문 사전 ☐☐☐를 전면 실시하기로 했어요. 서울의 모든 학교에 방문하려는 외부인은 미리 학교에 연락해 ☐☐을 받아야 해요. 이 제도는 ☐☐ 침해를 막고 안전한 학교를 만들기 위해 시행하게 되었어요.

08 경제

사과값을 따라 물가가 올라요

2024년 3월

사과 [사진=픽사베이]

올해 초 사과를 비롯한 과일값이 급격히 치솟는 현상이 계속되자 '애플레이션'이라는 신조어가 생겨났어요. 애플리케이션은 애플(apple)과 인플레이션(inflation: 물가 상승)의 합성어로 '사과로 인한 물가 상승'을 뜻해요.

작년 말부터 오르기 시작한 사과값이 3월이 되자 작년 3월에 비해 2배 가까이 올랐어요. 사과가 너무 비싸니 소비자들이 다른 과일을 찾으면서 배, 귤, 딸기 등 다른 과일들의 가격도 크게 올랐어요. 그러자 물가도 따라 올랐는데, 통계청에 따르면 소비자물가가 1년 전 같은 기간보다 3.1% 올랐어요.

사과값이 큰 폭으로 오른 가장 큰 원인은 이상 기후라고 해요. 사과 주산지인 경북 지역의 작년 봄이 너무 따뜻해서 사과꽃이 일찍 피었는데, 4월과 5월에 꽃샘추위가 와서 꽃이 다 죽어버렸어요. 그래서 사과 생산량 자체가 크게 줄었어요.

해마다 사과 재배 면적이 점점 줄고 있는 것도 문제예요. 사과 재배에 적절한 곳은 연평균 7.5도에서 11.5도가 유지되는 곳이에요. 그런데 지구온난화로 기온이 높아져 사과를 재배하기에 좋은 지역이 줄어들고 있어요.

정부가 일부 과일의 수입을 금지한 것도 원인 중 하나로 꼽히기도 해요. 농림축산식품부는 사과, 배, 복숭아 등 8가지 작물의 수입을 전면 금지하고 있어요. 수입 과일을 따라 들어오는 병해충*이 국내 생태계를 교란할 수 있다는 것이에요.

정부는 사과 등의 과일 수입은 신중히 검토해야 한다는 입장이에요. 우선은 사과, 배를 비롯한 13개 과일, 채소의 가격 안정을 위해 가격 안정 자금을 지원하는 정책을 시행하기로 했어요.

어휘풀이
- **신조어** 새로 만든 낱말
- **통계청** 인구 조사 및 각종 통계에 관한 사무를 맡아보는 중앙 행정 기관
- **이상 기후** 기온이나 강수량 등이 일반적으로 여느 해의 정상적인 상태를 벗어난 상태
- **주산지** 어떤 산물이 특히 많이 생산되는 지역
- **병해충** 농작물에 해를 일으키는 벌레

생각해보기

- 과일이나 채소, 혹은 생선값이 갑자기 너무 많이 올라서 놀란 적이 있나요?

- 사과값을 내리기 위해 다른 나라에서 사과를 수입하는 것에 찬성(혹은 반대)하나요? 그 이유는 무엇인가요?

시사상식

인플레이션(inflation)

물가 상승이라고도 해요. 한 나라 안에서 통화량이 증가해 화폐 가치가 떨어지고, 모든 물건과 서비스의 물가가 지속적으로 상승하는 경제 상태를 말해요. 인플레이션의 원인은 소비자들의 수요가 늘어나는 만큼 공급량이 늘어나지 않아 물가가 오르는 경우예요. 또 제품의 생산비용이 오르면 제품 가격도 올라서 물가도 전반적으로 올라요. 인플레이션이 발생하면 일정한 급여를 받는 직장인들은 손해를 봐요. 그러면 소득 격차가 심해져 사회가 불안정해질 수도 있어요. 또, 상품값이 올라 수출이 잘 안되고, 비싼 우리나라 제품을 사지 않고 수입품을 사서 쓰는 사람이 늘어나기도 해요.

깊이읽기 신문 기사 속에서 다음 질문의 답을 찾아보세요.

1. 다음 ☐ 안에 알맞은 말을 쓰세요.

① 애플레이션은 ☐☐로 인한 물가 상승을 뜻해요.

② 사과값이 큰 폭으로 오른 가장 큰 원인은 ☐☐ ☐☐라고 해요.

2. 맞는 내용에는 O표, 틀린 내용에는 X표 하세요.

① 올 3월 사과값은 작년 3월에 비해 2배나 올랐어요. (   )

② 우리나라의 사과 재배 면적은 점점 줄어들고 있어요. (   )

③ 정부가 일부 과일의 수입을 금지하는 것은 외국 과일들의 품질이 떨어지기 때문이에요. (   )

3. 우리나라 사과의 주산지는 어디인가요?

① 경기도   ② 경상북도   ③ 경상남도   ④ 제주도

4. 우리 정부가 수입을 금지한 과일이 아닌 것은 무엇인가요?

① 사과　　② 배　　③ 오렌지　　④ 복숭아

5. ⬜ 안에 알맞은 말을 넣어 기사 내용을 간추려 보세요.

> 올해 초 사과를 비롯한 과일값이 치솟으면서 ⬜⬜⬜⬜⬜이라는 신조어가 생겨났어요. 사과값이 오르자 다른 과일들의 가격도 따라 오르면서 ⬜⬜도 올랐기 때문이에요. 다양한 원인으로 치솟은 사과값을 안정시키기 위해 ⬜⬜는 가격 안정 자금을 지원하기로 했어요.

'떡볶이', '달고나'가 옥스퍼드 영어 사전에 올라간대요

2024년 2월

옥스퍼드 영어 사전 [사진=옥스퍼드대학 출판부 홈페이지]

  한국 문화에 대한 세계인들의 관심이 커지면서 '떡볶이', '달고나', '찌개'와 같은 우리말 단어들이 영국 옥스퍼드 영어 사전에 추가로 등재될 것이라고 해요.

  이미 2021년에 '오빠', '언니', '누나', '피씨방', '김밥', '삼겹살' 같은 단어 26개가 옥스퍼드 영어 사전에 올라갔어요. 한국 표준국어대사전에는 올라가지 않은 '먹방', '치맥' 같은 단어들도 올라갔어요. 2013년까지만 해도 옥스퍼드 사전에 실린 21만 8,600여 표제어 가운데 한국어에서 유래한 단어는 10여 개에 불과했다고 해요.

  옥스퍼드 영어 사전은 세계적인 권위를 자랑하는 사전이에요. 영국 옥스퍼드대학 출판부에서 펴내는 이 사전에서 받아들인 단어는 모든 영어권에서 다 받아들이기 때문이에요. 모든 영어권에서 받아들이면 영어 이외의 언어를 사용하는 나라들도 그 단어를 받아들이기 쉽지요.

  옥스퍼드 대학교의 아시아-중동학부 조지은 교수는 옥스퍼드 영어 사전의 한국어 컨

설턴트*로 활약하고 있어요. 그는 넷플릭스 드라마 〈오징어 게임〉에 등장한 '달고나'와 한국 드라마를 통해 많이 알려진 '떡볶이', '찌개' 등이 등재 검토되고 있다고 말했어요. 한식뿐 아니라 '형', '막내'와 같이 사람을 가리키는 단어들도 등재 준비되고 있다고 해요. 이 단어들도 한국 드라마에 많이 등장해요.

한국 드라마나 영화를 본 전 세계의 사람들이 소셜미디어 등을 통해 '먹방'이나 '치맥' 같은 단어를 사용하면서 옥스퍼드 사전에도 올라갈 수 있었어요. 한국어에 대한 세계인들의 이러한 관심은 한국어를 배우고 한국 음식을 만들어 먹는 데까지 이어지고 있어요.

어휘풀이
- **등재** 일정한 사항을 장부나 책에 기록하여 올림
- **표제어** 사전 따위에 올려 풀이를 한 말
- **유래** 사물이 어떤 것으로 말미암아 일어나거나 전하여 온 내력
- **권위** 특정 분야에서 뛰어나다고 인정을 받고 영향을 끼칠 수 있는 능력
- **컨설턴트** 기업의 창설, 운영, 관리 따위에 대한 평가나 조언, 권고를 전문적으로 맡아서 하는 사람

생각해보기

- 세계인들에게 알려주고 싶은 아름다운 우리말이 있나요?

- 다른 나라 사람들이 한국어를 많이 알게 되면 우리에게 좋은 점은 무엇일까요?

시사상식

오징어 게임

영어 제목 〈Squid Game〉으로 2021년 넷플릭스에서 방영한 우리나라 드라마예요. 456억 원의 상금이 걸린 서바이벌 게임에 참가한 사람들이 총 6개의 어린이 게임을 통과하여 최후의 승자가 되기 위해 도전하는 내용이에요. 이 드라마는 넷플릭스가 정식으로 서비스되는 모든 국가에서 시청률 1위를 하는 등 세계적인 인기를 얻었어요. 이 드라마를 통해 '무궁화꽃이 피었습니다' 같은 놀이나 '달고나' 같은 먹을거리들이 전 세계에 알려졌어요.

깊이 읽기 신문 기사 속에서 다음 질문의 답을 찾아보세요.

1. 다음 ☐ 안에 알맞은 말을 쓰세요.

① '☐☐☐', '달고나', '찌개'와 같은 우리말 단어들이 옥스퍼드 영어 사전에 등재될 예정이에요.

② 이는 전 세계 사람들이 ☐☐☐☐☐ 등을 통해 우리말 단어를 많이 사용했기 때문이에요.

2. 맞는 내용에는 O표, 틀린 내용에는 X표 하세요.

① 우리말 단어들이 옥스퍼드 영어 사전에 등재되는 것은 이번이 처음이에요. (　)

② 옥스퍼드 영어 사전은 세계적인 권위를 갖고 있어요. (　)

③ 한국에 관심이 많아진 세계인들은 한국어를 배우기도 해요. (　)

3. 2021년에 옥스퍼드 영어 사전에 등재된 우리말 단어가 아닌 것은 무엇인가요?

① 막내　② 오빠　③ 언니　④ 김밥

4. '일정한 사항을 장부나 책에 기록하여 올림'이라는 뜻을 가진 단어는 무엇인가요?

① 취재　② 등재　③ 등정　④ 상정

5. ☐ 안에 알맞은 말을 넣어 기사 내용을 간추려 보세요.

> 한국 ☐☐에 대한 세계인들의 관심이 커지면서 우리말 단어들이 영국 옥스퍼드 영어 사전에 추가 ☐☐될 예정이에요. 2021년에도 우리말 단어 26개가 등재되었어요. 한국 드라마와 영화가 세계적으로 인기를 얻으면서 ☐☐☐에 대한 관심도 점점 커지고 있어요.

나를 위로해주는 반려 돌

2024년 3월

여러 가지 모양의 돌 [사진=픽사베이]

최근 한국에서 돌멩이를 반려동물처럼 돌보는 '반려 돌'이 유행한다는 외신 보도가 나왔어요. 요즘 우리나라에서는 반려동물과 반려 식물에 이어 반려 돌이 인기라고 해요.

미국의 일간지 월스트리트저널(WSJ)에 '과로한 한국인들이 반려 돌과 함께 휴식을 취하고 있다'는 기사가 실렸어요. 이 기사에는 서울에 사는 직장인 이모 씨의 인터뷰도 실렸는데, 친구가 준 반려 돌을 키우고 있는 그는 직장에서 겪은 힘든 일을 돌에게 털어놓곤 한다고 해요.

WSJ에 따르면 반려 돌 개념은 미국에서 시작되었어요. 1975년 후반 미국의 한 광고 회사 직원이 작은 돌을 상자에 담아 선물처럼 판매하는 '펫 록(Pet Rock)'을 선보였다는 거예요. 당시 미국에서는 돌 선물을 받는 사람을 놀리기 위한 장난처럼 여겨졌지만, 오늘날 한국에서는 마음의 고요와 평온을 얻는 방법으로 인기를 얻고 있다고 분석했어요.

우리나라에서는 2021년쯤 인기 아이돌 그룹 멤버들과 한 배우가 반려 돌을 키우고 있다는 사실이 인터넷과 TV를 통해 알려지면서 사람들의 관심이 많아지기 시작했어요.

반려 돌을 키우는 사람들은 돌에게 이름을 지어주고 옷을 입히기도 하며 여행이나 산책하러 갈 때 데려가기도 해요. 반려 돌에게 고민을 털어놓고 위로를 받기도 하고요. 그들은 반려 돌이 먹이를 주거나 씻겨줄 필요도 없고 아프거나 죽을 염려가 없어 반려 동물이나 반려 식물보다 좋다고 해요.

반려 돌이 사람들의 관심을 끌자, 반려 돌 판매업체도 생겨났어요. 한 업체에서 SNS에 올린 돌 씻는 영상은 조회 수 900만 회를 넘기기도 했어요.

어휘풀이
- **외신** 외국으로부터 온 통신
- **보도** 신문이나 방송으로 나라 안팎의 새로운 소식을 일반에게 널리 알림
- **일간지** 날마다 내는 신문
- **과로** 몸이 고달플 정도로 지나치게 일함
- **고요** 잠잠하고 조용한 상태
- **평온** 고요하고 평안함

생각해보기

- 반려 돌을 키우는 것에 대해 어떻게 생각하나요?

- 과로와 스트레스를 해소하는 방법에는 어떤 것들이 있을까요?

시사상식

반려

짝 반(伴) 자와 짝 려(侶) 자를 쓰는 '반려'는 '생각이나 행동을 함께 하는 짝이나 동무'라는 뜻이에요. '반려자'는 주로 배우자를 가리키는 말로 '반려'는 사람을 가리키는 말이었어요. 그러나 최근에는 애완동물을 대신해 반려동물이라는 말을 많이 쓰게 되면서 그 대상이 동물이나 식물로 확대되었어요. '애완'이라는 말 속에는 동물을 도구나 장난감처럼 여기는 의미가 있다고 해서 요즘에는 '가족처럼 가까이 두고 보살피며 기르는 동물'이라는 뜻으로 '반려동물'로 불러요.

깊이 읽기 신문 기사 속에서 다음 질문의 답을 찾아보세요.

1. 다음 ☐ 안에 알맞은 말을 쓰세요.

   ① 최근 한국에서는 ☐☐☐이 유행한다는 외신 보도가 나왔어요.

   ② 반려 돌 개념은 1975년 ☐☐에서 시작되었다고 해요.

2. 맞는 내용에는 O표, 틀린 내용에는 X표 하세요.

   ① 월스트리트저널에는 '한국인들이 반려 돌과 함께 식사를 한다'는 기사가 실렸어요. (   )

   ② 사람들은 반려 돌에서 마음의 고요와 평온을 얻기도 해요. (   )

   ③ 인기 아이돌 그룹 멤버 중에도 반려 돌을 키우는 사람이 있어요. (   )

3. 사람들이 반려 돌에게 하는 행동이 아닌 것을 고르세요.

   ① 이름 짓기   ② 옷 입히기   ③ 고민 털어놓기   ④ 먹이 주기

| 공부한날 | 월 | 일 | 요일 |

4. 조회 수 900만을 넘긴 반려 돌 판매업체의 영상 내용은 무엇인가요?

① 돌 던지기　② 돌 쌓기　③ 돌 씻기　④ 돌 굴리기

5. ☐ 안에 알맞은 말을 넣어 기사 내용을 간추려 보세요.

> 미국의 한 일간지에 한국인들 사이에 반려 돌이 ☐☐한다는 기사가 나왔어요. 한국인들이 마음의 고요와 ☐☐을 얻기 위해 반려 돌을 기른다는 분석이었어요. 반려 돌을 키우는 사람들은 돌멩이에게 ☐☐을 지어주고, 보살펴주고, 고민을 털어놓으면서 마음에 위로를 받는다고 해요.

종합 독해력 문제 2

1. 다음 중 글의 내용이 서로 관계있는 것끼리 둘씩 짝지어 연결해보세요. (○-○, ○-○)

① '떡볶이', '달고나' 같은 우리말 단어들이 옥스퍼드 사전에 등재될 것이라고 해요.
② 인기 아이돌 그룹 멤버들이 반려 돌을 키운다는 사실이 알려졌어요.
③ 한국어에 대한 세계인들의 관심은 한국어를 배우는 데까지 이어지고 있어요.
④ 과로한 한국인들이 반려 돌에게 고민을 털어놓고 위로를 받기도 해요.

2. 다음 글의 내용을 잘못 이해한 사람은 누구인가요? (　)

> 탐사선을 다 만든 뒤 발사 장소인 미국 플로리다까지 수송하는 일도 쉽지 않았어요. 우크라이나의 안토노프 수송기를 통해 옮길 예정이었지만 그 무렵 러시아-우크라이나 전쟁이 시작되어 미국의 보잉 747로 급히 변경해야 했어요. 2022년 8월 5일에 발사되어 2022년 12월 26일 달 궤도 진입에 성공한 다누리는 지금까지 안정적으로 달 궤도를 돌면서 임무를 수행하고 있어요.

① 수영: 다누리는 미국 플로리다에서 발사했구나.
② 진우: 미국의 보잉 747로 다누리를 수송했네.
③ 은세: 러시아-우크라이나 전쟁은 다누리와 전혀 상관없었구나.
④ 현진: 다누리는 지금도 달 궤도를 돌고 있겠네.

3. 다음 글의 중심 낱말을 찾아 쓰세요. (　　　　　　)

올해 초 사과를 비롯한 과일값이 급격히 치솟는 현상이 계속되자 '애플레이션'이라는 신조어가 생겨났어요. 애플리케이션은 애플(apple)과 인플레이션(inflation·물가 상승)의 합성어로 '사과로 인한 물가 상승'을 뜻해요.

4. 다음 밑줄 친 두 낱말의 관계와 같은 짝을 고르세요.

학생이나 교직원이 아닌 학부모나 외부인 등이 학교로 들어가려면 미리 학교에 연락해 승인을 받아야 해요. (교직원-외부인)

① 꽃-진달래　　② 안-밖　　③ 운동화-러닝화　　④ 국민-세계인

5. 다음 밑줄 친 '외신'이 가리키는 것을 글 속에서 찾아 쓰세요.
(　　　　　　)

최근 한국에서 돌멩이를 반려동물처럼 돌보는 '반려 돌'이 유행한다는 외신 보도가 나왔어요. 미국의 일간지 월스트리트저널(WSJ)에 '과로한 한국인들이 반려 돌과 함께 휴식을 취하고 있다'는 기사가 실린 거예요.

글쓰기 2 – 제목 짓기, 전문 쓰기

☝ 기사문 형식

① 제목: 기사의 핵심 내용이 잘 드러나도록 써요.

② 전문: 기사문 전체 내용을 요약해서 한두 문장으로 써요.

③ 본문: 구체적인 사실들을 문단별로 나누어서 써요.

✎ 다음 기사문을 읽고 핵심 내용이 잘 드러나는 제목을 새로 지어 보세요.

제목	
전문	최근 한국에서 돌멩이를 반려동물처럼 돌보는 '반려 돌'이 유행한다는 외신 보도가 나왔어요. 요즘 우리나라에서는 반려동물과 반려 식물에 이어 반려 돌이 인기라고 해요.
본문	미국의 일간지 월스트리트저널(WSJ)에 '과로한 한국인들이 반려 돌과 함께 휴식을 취하고 있다'는 기사가 실렸어요. 이 기사에는 서울에 사는 직장인 이모 씨의 인터뷰도 실렸는데, 친구가 준 반려 돌을 키우고 있는 그는 직장에서 겪은 힘든 일을 돌에게 털어놓곤 한다고 해요. (이하 생략)

✍ 다음 기사의 본문을 읽고 어울리는 제목을 새로 짓고, 기사 전체 내용을 한두 문장으로 요약하여 전문을 써 보세요.

제목	
전문	
본문	서울시교육청은 10월 1일부터 관내 모든 학교에서 '학교 방문 사전 예약제'를 전면 실시한다고 밝혔어요. 이에 따라 학생이나 교직원이 아닌 학부모나 외부인 등이 학교로 들어가려면 미리 학교에 연락해 승인을 받아야 해요. 사전 예약은 상용 소프트웨어, 각 학교 홈페이지, e알리미(알림장 앱), 전화 등을 통해 할 수 있어요. 예약하지 않은 방문인은 학교가 출입을 거부할 수 있어요.
	학교 방문 사전 예약제가 시행되는 까닭은 안전한 학교를 만들기 위해서예요. 조희연 서울시 교육감은 '조금 불편함이 있더라도 학생과 교직원 모두가 안전한 학교를 만들고자 한다'고 했어요. 교육부에 따르면, 2023년 한 해 동안 5,040건의 교권 침해 사건이 보고되었다고 해요. 특히 폭행을 당한 교사가 1,464명에 이르러 학생은 물론 교직원 보호가 시급한 상황이에요. (이하 생략)

Week 3

11 과학 | 벚꽃 없는 벚꽃 축제
12 사회 | 초등학생은 이제부터 SNS 가입 금지입니다
13 국제 | 토마토수프를 뒤집어쓴 고흐의 〈해바라기〉
14 문화 | 100살이 된 동요 〈반달〉
15 경제 | 그 주식, 나만 아직 못 산 거야?

벚꽃 없는 벚꽃 축제

2024년 4월

벚꽃 [사진=픽사베이]

올봄 여러 지자체에서 벚꽃 축제를 열기로 한 날짜가 되어도 벚꽃이 피지 않아 가슴을 졸였어요. 예상보다 늦게 피는 벚꽃 때문에 벚꽃이 피지 않았는데도 벚꽃 축제를 하거나 벚꽃 축제를 두 번 여는 지자체도 있었어요.

작년에는 3월 기온이 높아 부산과 대전 등에서 3월 20일쯤 벚꽃이 피기 시작해 지자체들은 벚꽃이 진 뒤에야 벚꽃 축제를 치르게 되었어요. 그래서 올해에는 많은 지자체들이 벚꽃 축제 일정을 확 앞당긴 거예요. 그러나 올해는 벚꽃 축제 날이 되어도 벚꽃이 피지 않아 많은 사람의 애를 태웠어요.

벚꽃이 피는 시기는 적산온도와 관련이 있다고 해요. 적산온도는 작물이 싹을 틔우고 자라는 데 필요한 열량을 나타내는 지표예요. 적산온도를 계산할 때 벚꽃의 기준 온도는 섭씨 5.5도예요. 하루 평균 기온이 8도였다면 8도에서 5.5도를 뺐을 때 2.5도가 나오지요. 그 값을 1월부터 매일 더해나간 값이 적산온도예요. 그 값이 106도가 되면 벚꽃이 필 조건이 갖춰진 거예요. 햇빛이 비치는 일조 시간도 하루 12시간에서 14시간은 돼야

하고요. 그런데 3월 말 서울의 적산온도가 40도 정도여서 벚꽃이 필 조건이 갖춰지려면 66도가 더 필요했기 때문에 개화가 늦어진 거예요.

적산온도를 계산할 때 필요한 기준 온도는 작물*에 따라 다르지만 가을 채소와 같이 저온에서도 자라는 작물은 5도, 일반적인 온대 지방의 여름작물은 10도, 고온을 필요로 하는 작물은 15도라고 알려져 있어요. 적산온도로 벚꽃이 피는 시기는 물론 다양한 작물들의 잎이 나오는 시기, 열매 익는 시기 등을 추정*할 수 있어요.

어휘풀이
- **지자체** 지방 자치 단체. 한 국가 안에서 지역별로 구성되어 법에 정한 바에 의해 자치적으로 운영되는 단체. 특별시, 광역시, 도, 시, 군, 구 등이 있음
- **일정** 그날에 할 일
- **열량** 열을 에너지의 양으로 나타낸 것
- **일조** 햇볕이 내리쬠
- **작물** 논이나 밭에 심어서 가꾸는 곡식이나 채소 따위의 재배 식물
- **추정** 미루어 생각하여 결정함

생각해보기

· 벚꽃 축제에 간다면 무엇을 해보고 싶은가요?

· 적산온도가 무엇인지 주변 사람들에게 설명해 보세요.

시 사 상 식

지역 축제

그 지방의 전통이나 문화를 잇고 발전시키면서 외부에 알려 경제적 효과를 얻기 위해 정기적으로 열리는 행사예요. 우리나라에는 여러 지자체에서 여는 벚꽃 축제 외에도 함평 나비축제, 보령 머드축제, 이천 도자기 축제, 태백산 눈꽃축제, 화천 산천어축제 등이 널리 알려졌어요. 브라질의 카니발 축제나 스페인의 토마토 축제, 일본의 삿포로 눈 축제, 태국의 송크란 축제 등은 세계적으로도 유명한 지역 축제들이에요.

깊이 읽기 신문 기사 속에서 다음 질문의 답을 찾아보세요.

1. 다음 ☐ 안에 알맞은 말을 쓰세요.

① 여러 ☐☐☐들은 벚꽃이 제때 피지 않아 가슴을 졸였어요.

② 지자체들은 올해 벚꽃 축제 ☐☐을 작년보다 앞당겨 잡았어요.

2. 맞는 내용에는 O표, 틀린 내용에는 X표 하세요.

① 벚꽃이 피지 않았는데도 벚꽃 축제를 하는 지자체도 있었어요. (   )

② 벚꽃이 피는 시기는 적산온도와 관련이 있어요. (   )

③ 적산온도 계산에 필요한 기준 온도는 모든 작물이 같아요. (   )

3. 벚꽃의 적산온도를 계산할 때 기준 온도는 몇 도인가요?

① 2.5도   ② 5도   ③ 5.5도   ④ 8도

4. 적산온도로 추정할 수 없는 것은 무엇인가요?

① 가을 채소를 사야 하는 시기　② 벚꽃이 피는 시기

③ 작물이 잎이 나오는 시기　　④ 작물의 열매가 익는 시기

5. ☐ 안에 알맞은 말을 넣어 기사 내용을 간추려 보세요.

> 올봄에 벚꽃이 늦게 피어 벚꽃 ☐☐를 여는 지자체들이 애를 태웠어요. 올해에 벚꽃이 작년보다 늦게 핀 것은 ☐월 기온이 낮아 ☐☐온도도 낮았기 때문이에요. 적산온도로 벚꽃이 피는 시기나 여러 작물이 싹을 틔우고 자라는 시기를 추정할 수 있어요.

초등학생은 이제부터 SNS 가입 금지입니다

2024년 3월

SNS [사진=픽사베이]

　미국 플로리다주는 2025년 1월 1일부터 14세 미만 어린이들의 사회관계망서비스(SNS) 가입을 금지하는 법안을 시행하기로 했어요.

　로이터통신에 따르면 플로리다주의 주지사 론 디샌티스는 14세 미만 어린이의 SNS 가입을 금지하고, 14~15세 이용자는 부모 동의가 있어야 SNS 계정을 개설할 수 있도록 하는 내용의 법안에 서명한 뒤 공포했어요. 이에 따라 내년 1월부터 SNS 회사들은 14세 미만 이용자가 사용하는 SNS 계정을 폐쇄하고, 이들의 개인정보를 모두 파기해야 해요.

　이와 같은 법안이 시행되는 것은 SNS 사용이 어린이와 청소년의 정신 건강에 심각한 영향을 끼치기 때문이에요. 미국 보건당국의 최근 보고서에 따르면 매일 3시간 이상 SNS를 사용하는 12~15세 청소년이 우울증과 불안을 경험할 확률이 2배 높았어요. SNS에서 자신을 타인과 끊임없이 비교하기도 하고 사이버 괴롭힘에도 노출되기 때문이에요.

　어린이와 청소년의 SNS와 스마트폰 사용을 제한하려는 나라는 미국뿐이 아니에요.

프랑스에서도 18세 미만은 틱톡, 인스타그램 등 SNS에 접속할 수 없게 하려는 논의가 진행 중이에요. 영국에서는 아예 16세 미만 청소년에게 스마트폰 판매를 금지하는 방안을 검토하고 있다는 보도도 있었어요. 호주도 14세 미만 청소년의 SNS 계정 가입 금지를 검토하고 있고, 네덜란드는 스마트폰과 태블릿 PC의 교내 사용을 금지했어요.

우리나라에서도 무분별한 SNS 사용으로부터 어린이와 청소년을 보호해야 한다는 의견이 많아지고 있어요. 그러나 SNS 사용을 규제하는 것이 헌법으로 보장된 표현의 자유를 침해하고 청소년의 사회 활동을 제한할 수 있다는 지적도 있어요.

어휘풀이
- **미만** 정한 수효나 정도에 차지 못함
- **동의** 다른 사람의 행위를 승인하거나 시인함
- **계정** 인터넷에서, 이용자의 신분을 증명할 수 있는 고유의 체계
- **개설** 새로 설치하여 관련된 일을 시작함
- **파기** 계약이나 약속 따위를 일방적으로 깨뜨려 무효로 만듦
- **제한** 일정한 범위나 한계를 정하거나 그것을 넘지 못하게 막음

생각해보기

· 초등학생의 SNS 가입 금지 정책에 찬성(혹은 반대)하나요? 그 이유는 무엇인가요?

· SNS의 장점과 단점은 무엇인가요?

시사상식

사이버 괴롭힘

사이버 폭력의 하나로 온라인에서 어떤 한 사람을 집요하게 괴롭히거나 따돌리는 행위를 가리켜요. SNS와 같은 온라인에서 한 사람에게 혐오 발언 또는 위협하는 말을 하거나 그 사람의 개인정보 또는 허위 사실을 유포해 그 사람이 고통을 느끼게 하는 모든 행위를 말해요. 사이버 괴롭힘을 당할 경우 혼자 괴로워하지 말고 학교 관계자나 경찰에 신고해야 해요.

깊이읽기 신문 기사 속에서 다음 질문의 답을 찾아보세요.

1. 다음 ☐ 안에 알맞은 말을 쓰세요.

① 미국 ☐☐☐☐주는 어린이들의 SNS 가입을 금지하는 법안을 시행하기로 했어요.

② SNS 사용은 어린이와 청소년의 ☐☐ 건강에 심각한 영향을 끼쳐요.

2. 맞는 내용에는 O표, 틀린 내용에는 X표 하세요.

① 플로리다주에서는 내년부터 14세 미만 어린이는 SNS에 가입할 수 없어요. (   )

② 매일 3시간 이상 SNS를 사용하는 청소년은 우울증과 불안을 겪을 확률이 높아요. (   )

③ 우리나라에서는 어린이들을 SNS로부터 보호해야 한다는 의견이 아직 나오지 않았어요. (   )

3. 기사에 나온, SNS나 스마트폰 사용을 제한하려는 나라가 아닌 것은 어느 나라인가요?

① 태국   ② 미국   ③ 프랑스   ④ 네덜란드

4. SNS 사용을 규제하는 것은 헌법으로 보장된 어떤 자유를 침해할 수도 있다고 했나요?

① 이동의 자유　② 표현의 자유

③ 종교의 자유　④ 학문의 자유

5. ☐ 안에 알맞은 말을 넣어 기사 내용을 간추려 보세요.

> 미국 플로리다주에서는 2025년부터 14세 미만 어린이들의 ☐☐☐ 가입을 금지하는 법안이 시행돼요. 이것은 지나친 SNS 사용이 어린이와 청소년의 정신 건강에 악영향을 끼치기 때문이에요. 미국뿐 아니라 ☐☐☐, 영국, 호주 등 여러 나라에서 어린이와 청소년의 SNS 또는 ☐☐☐☐ 사용을 규제하려 논의 중이에요.

토마토수프를 뒤집어쓴 고흐의 〈해바라기〉

2024년 9월

'해바라기'에 수프를 끼얹은 사람들 [자료=juststopoil 영상]

영국의 환경운동가들이 빈센트 반 고흐의 명화 〈해바라기〉에 수프를 끼얹는 사건이 발생했어요. 고흐의 그림은 지난 2022년에도 같은 수난을 당한 일이 있어요.

27일(현지 시각) 영국 BBC 방송에 따르면 영국의 환경운동단체 '저스트 스톱 오일' 소속 활동가 3명이 이날 런던의 내셔널 갤러리에서 반 고흐의 작품 〈해바라기〉에 토마토수프를 뿌렸어요. 이들은 미리 준비해 온 하인즈 캔을 따서 〈해바라기〉 그림 두 점에 토마토수프를 뿌렸어요. 그러고는 입고 있던 겉옷을 벗어 자신들의 환경단체 이름이 적힌 티셔츠를 보이며 '당신들은 그림을 보호하는 것과 우리 행성과 사람을 지키는 것 중 무엇이 더 중요한가'라고 외쳤어요.

'저스트 스톱 오일'이 SNS에 올린 당시 영상 속에는 "안 돼!", "뭐 하는 거야."라고 외치며 말리는 관람객들을 모르는 체하며 그림에 토마토수프를 뿌리는 활동가들의 모습이 담겨 있어요. 이들은 현장에서 곧바로 경찰에 체포되었어요. 그림 자체는 훼손되지 않았고, 액자에만 가벼운 손상이 있는 것으로 알려졌어요.

'저스트 스톱 오일'의 또 다른 활동가 피비 플러머와 안나 홀랜드는 2022년 10월에 반 고흐의 작품에 토마토를 끼얹는 시위*를 해 처벌을 받았어요. 이들은 각각 징역 2년과 20개월을 선고*받았어요. 이들에게 징역형* 선고가 내려진 지 불과 몇 시간 만에 또다시 고흐의 그림에 수프가 뿌려지는 사건이 벌어진 거예요.

'저스트 스톱 오일' 측은 '석유와 가스 사용을 반대하는 사람들이 감옥에 갔혔다'면서 '미래 세대는 이 사람들이 역사의 올바른 편에 섰다고 생각할 것이다'라고 했어요.

어휘풀이
- **명화** 아주 잘 그려서 이름이 난 그림
- **하인즈** 토마토케첩으로 널리 알려진 미국의 브랜드
- **행성** 중심이 되는 별의 둘레를 각자의 궤도에 따라 돌면서, 자신은 빛을 내지 못하는 천체(이 글에서는 '지구'를 뜻함)
- **시위** 요구 조건을 관철하기 위해서 여러 사람이 공개적인 장소에서 자신들의 주장을 폄
- **선고** 공판정에서 재판의 판결을 공표함
- **징역형** 죄를 지은 사람을 교도소에 가두어 두고 노동을 시키는 형벌

생각해보기

· 환경 운동을 위해 예술 작품에 토마토수프를 뿌린 행동에 대해 어떻게 생각하나요?

· '저스트 스톱 오일'이 어떤 활동으로 자신들의 뜻을 알리면 좋을까요?

시사상식

저스트 스톱 오일(Just Stop Oil)

2022년 영국에서 설립된 환경단체예요. 시민 저항, 비폭력 직접 행동, 교통 방해 및 기물 파손 행위를 통해 영국 정부가 석유 관련 사업 확장을 중단하고 재생에너지에 투자할 것을 요구하고 있어요. 그러나 영화 시상식이나 자동차 경주대회, 축구 경기나 뮤지컬을 방해하거나 미술작품을 훼손하는 방식으로 시위를 하고 있어 많은 비판을 받고 있기도 해요.

깊이읽기 신문 기사 속에서 다음 질문의 답을 찾아보세요.

1. 다음 ☐ 안에 알맞은 말을 쓰세요.

① 영국에서 박물관에 있던 고흐의 그림에 ☐☐를 끼얹는 사건이 발생했어요.

② 이 사건을 일으킨 것은 석유와 가스 사용에 반대하는 ☐☐ 운동가들이었어요.

2. 맞는 내용에는 O표, 틀린 내용에는 X표 하세요.

① 고흐 그림이 수난을 당한 것은 이번이 처음이에요. (　)

② 활동가들은 그림에 수프를 뿌리고 바로 달아났어요. (　)

③ 저스트 스톱 오일 측은 자신들이 옳은 일을 했다고 주장해요. (　)

3. 이번에 토마토수프가 뿌려진 고흐의 그림 제목은 무엇인가요?

① 별이 빛나는 밤　　② 해바라기

③ 밤의 카페테라스　　④ 아이리스

4. 활동가들이 한 일이 아닌 것은 무엇인가요?

① 그림에 토마토수프를 뿌렸어요.

② 자신들의 단체 이름이 적힌 티셔츠를 입었어요.

③ "안 돼!"라고 외쳤어요.

④ 자신들이 정부에 주장하는 내용을 외쳤어요.

5. ☐ 안에 알맞은 말을 넣어 기사 내용을 간추려 보세요.

> 영국 ☐☐☐ 갤러리에 있던 고흐의 그림 〈해바라기〉에 토마토수프가 끼얹어지는 사건이 발생했어요. 이것은 ☐☐와 가스 사용을 반대하는 환경 운동 단체 활동가들이 벌인 일이었어요. 그림은 ☐☐되지 않았고, 활동가들은 현장에서 체포되었어요.

100살이 된 동요 〈반달〉

2024년 5월

동요 탄생 100주년 기획전 [자료=여주박물관 홈페이지]

우리나라 최초의 창작 동요 〈반달〉이 올해로 100살이 되었어요. 〈반달〉은 1924년 윤극영 선생이 지어 발표한 노래예요.

"푸른 하늘 은하수 하얀 쪽배에 계수나무 한 나무 토끼 한 마리~"

이렇게 시작하는 우리의 동요 〈반달〉은 동요 작가 윤극영 선생의 동요집 『반달』에 실려 있어요. 이 동요집에서 윤극영 선생은 〈반달〉을 1924년 10월 12일에 완성했다고 소개했어요. 그러니 올해로 이 노래가 태어난 지 100년이 되는 것이지요.

이 노래가 세상에 나올 때는 일제가 학교에서 우리말로 된 노래를 부르지 못하게 하던 때였어요. 1923년 방정환 선생과 함께 어린이 문화운동 단체인 색동회를 만든 윤극영 선생은 우리말 동요가 꼭 필요하다고 믿었어요. 선생은 1924년에 〈설날〉, 〈고드름〉, 〈반달〉 등의 동요를 발표했어요. 지금까지의 연구로는 이것이 우리 동요의 시초예요.

〈반달〉은 윤극영 선생이 누나를 잃은 슬픔을 담아낸 곡으로 알려져 있어요. 당시 나라를 잃은 사람들의 마음을 '반달(정처 없이 떠도는 쪽배)'로 표현했다는 해석도 있어요.

또한 이 노래는 '샛별이 등대란다 길을 찾아라'라는 노랫말로 끝나고 있어 어두운 현실 속에서도 희망을 잃지 말자는 메시지도 담고 있어요. 이 노래가 많은 사람의 사랑을 받아온 이유겠지요.

〈반달〉과 한국 동요 100주년을 기념하는 다양한 행사가 전국 곳곳에서 열려요. 국립세계문자박물관에서는 〈파란 마음 하얀 마음-어린이 마음의 빛깔을 노래하다〉라는 특별전시회가 열려요. 여주박물관에서는 〈한글, 동요로 빛나다〉 특별기획전이, 이천시립박물관에서는 〈반달이 준 선물〉 기획전이 열려요. 이 밖에도 전국 여러 곳에서 우리 동요 100주년을 기념하는 동요제도 개최돼요.

어휘풀이
- **창작** 예술 작품을 독창적으로 짓거나 표현함
- **시초** 어떤 일의 맨 처음
- **정처** 정한 곳
- **기획전** 일정한 목적을 위하여 또는 특정의 주제를 담아 기획된 전시회나 전람회
- **동요제** 여러 사람이 동요를 불러 실력을 겨루는 대회

생각해보기

· 내가 알고 있는 동요에는 어떤 곡이 있나요?

· 많은 사람에게 좋은 동요를 알릴 수 있는 방법을 생각해 보세요.

시사상식

색동회

방정환 선생이 중심이 되어 1923년 설립된 소년 운동 및 아동문학 단체예요. 매년 5월 1일을 '어린이날'로 만들어 어린이 운동을 펼쳤어요. '색동'이라는 이름은 윤극영 선생이 제안한 것으로, 한복의 소매 감을 뜻해요. 색동회는 《어린이》라는 잡지를 만들고 어린이 문제를 주제로 한 강연회, 동화회, 동요회 등 다양한 행사를 열었어요.

깊이 읽기 신문 기사 속에서 다음 질문의 답을 찾아보세요.

1. 다음 ☐ 안에 알맞은 말을 쓰세요.

　① 동요 〈반달〉이 올해로 ☐☐☐ 살이 되었어요.

　② 〈반달〉은 동요 작가 ☐☐☐ 선생의 곡이에요.

2. 맞는 내용에는 ○표, 틀린 내용에는 ✕표 하세요.

　① 동요 〈반달〉은 윤극영 선생의 동요집 『반달』에 실려 있어요. (　　)

　② 〈반달〉은 우리나라 최초의 창작 동요예요. (　　)

　③ 〈반달〉은 깊은 슬픔만을 담은 노래예요. (　　)

3. 윤극영 선생의 동요가 아닌 것은 무엇인가요?

　① 설날　　② 고드름　　③ 반달　　④ 노을

공부한날   월   일   요일

4. 한국 동요 100주년 기념행사가 열리는 곳이 아닌 것은 무엇인가요?

① 국립세계문자박물관   ② 여주박물관

③ 원주박물관   ④ 이천시립박물관

5. ☐ 안에 알맞은 말을 넣어 기사 내용을 간추려 보세요.

> 우리나라 최초의 창작 동요 〈☐☐〉이 올해로 100살이 되었어요. 이 곡을 만든 윤극영 선생님은 ☐☐강점기에 우리말 ☐☐가 꼭 필요하다고 생각해 동요 여러 곡을 지어 발표했어요. 올해에는 한국 동요 100년을 기념하는 다양한 행사가 전국 곳곳에서 열려요.

그 주식, 나만 아직 못 산 거야?

2024년 3월

주식, 투자 [자료=픽사베이]

올해 들어 미국의 기업 엔비디아를 중심으로 인공지능(AI) 반도체 관련 기업들의 주가가 치솟았어요. 인공지능 기술이 빠르게 발전하고 확대되면서 관련 기업들의 인기가 높아지고 있기 때문이에요. 미국 증시의 뒤를 이어 일본 증시, 비트코인, 금 등이 일제히 강세를 보이자 뒤늦게 그것들을 사들이는 사람들이 급격히 늘어났어요.

이처럼 자신만 좋은 기회를 놓칠까 봐, 주가가 높아지는 주식을 뒤늦게 사들이는 경향을 '포모(FOMO: Fear Of Missing Out) 증후군'이라고 해요. 이러한 투자자들은 빚투(빚내서 투자)까지 하고 있어서 전문가들은 위험한 투자가 될 수 있다고 지적하고 있어요.

포모 증후군은 우리말로 '소외 불안 증후군' 또는 '고립 공포증'으로 바꿀 수 있는데 처음에는 마케팅 용어였어요. 이 현상을 처음으로 소개한 마케팅 전문가 단 허먼(Dan Herman)은 1996년, 소비자들과의 인터뷰에서 그들이 어떤 기회나 기쁨을 놓칠지도 몰라 두려워하는 것을 발견했어요. 이어 2004년에는 작가 패트릭 맥기니스(Patrick J. McGinnis)가 이 현상에 '포모'라는 용어를 처음 사용했어요.

포모 증후군은 사회적 불안의 한 종류예요. 소셜미디어의 발달로 더욱 널리 퍼지고 있어요. 이 증상을 경험하는 사람들은 다른 사람들이 먹고 마시고 사용하는 것, 여행하는 곳 등에 민감해요. 그래서 남들이 다 사는 것 같은 포켓몬 빵, 베이글, 두바이 초콜릿, 요거트 아이스크림 등을 사려고 오픈런을 하기도 하고 몇 시간씩 줄을 서서 기다리기도 해요.

어휘풀이

- **반도체** 전기를 전하는 성질이 도체와 부도체의 중간 정도인 물질로 컴퓨터, 스마트폰, 자동차, 의료 기기 등 첨단 기술에 꼭 필요함
- **주가** 주식을 판매하는 값
- **증시** 주식과 채권이 거래되는 시장
- **비트코인** 온라인 암호화폐의 하나
- **주식** 주주의 출자에 대해 교부하는 유가 증권
- **소외** 주위에서 꺼리며 따돌림
- **고립** 다른 곳과의 왕래나 다른 사람과의 교류가 없이 홀로 떨어짐

생각해보기

· 다른 친구들이 갖고 있어서 그 물건을 따라 사 본 경험이 있나요?

· 사람들이 포모 증후군을 경험하는 이유는 무엇일까요?

시 사 상 식

오픈런(open run)

이 말의 원래 뜻은 '상영·공연 따위를 폐막 날짜를 정해 놓지 않고 무기한으로 하는 일'이에요. 하지만 요즘은 '매장 문이 열리자(open)마자 구매를 위해서 달리는(run) 일'을 말할 때 주로 써요. 올바른 영어 표현은 'opening rush'라고 해요. 명품이나 스마트폰, 프라모델, 캐릭터 굿즈 같은 상품부터 소문난 맛집까지, 사람들은 상점이 문을 열기도 전에 새벽부터 줄을 서기도 해요.

깊이읽기 신문 기사 속에서 다음 질문의 답을 찾아보세요.

1. 다음 ☐ 안에 알맞은 말을 쓰세요.

① 올해 들어 인공지능(AI) ☐☐☐ 관련 기업들의 주가가 치솟았어요.

② 자신만 좋은 기회를 놓칠까 봐 주가가 높아지는 주식을 뒤늦게 사들이는 경향을 ☐☐ 증후군이라고 해요.

2. 맞는 내용에는 O표, 틀린 내용에는 X표 하세요.

① 모든 투자자들은 절대 빚을 내지 않고 자신의 돈으로만 투자해요. (   )

② 포모 증후군은 소외 불안 증후군이라고도 해요. (   )

③ 포모 증후군은 사회적 불안의 한 종류예요. (   )

3. 미국 증시에 이에 강세를 보인 것이 아닌 것을 고르세요.

① 은행 적금   ② 일본 증시   ③ 비트코인   ④ 금

4. 오픈런의 예로 나오지 않은 것은 무엇인가요?

① 베이글 ② 두바이 초콜릿

③ 요거트 아이스크림 ④ 슈크림 붕어빵

5. ☐ 안에 알맞은 말을 넣어 기사 내용을 간추려 보세요.

> 미국의 인공지능 반도체 관련 기업들의 ☐☐가 높아지자 뒤늦게 그것을 사들이는 사람들이 급격히 늘어났어요. 이런 심리를 포모 증후군이라고 해요. 사회적 ☐☐의 한 종류인 포모 증후군을 경험하는 사람들은 다른 사람들이 다 사는 것 같은 제품을 사기 위해 ☐☐☐을 하기도 해요.

종합 독해력 문제 3

1. 다음 중 그 일이 일어난 해가 나머지 셋과 다른 것은 무엇인가요?

① 빈센트 반 고흐의 그림 〈해바라기〉가 토마토수프를 뒤집어썼어요.
② 윤극영 선생이 동요 〈반달〉을 만들어 발표했어요.
③ 벚꽃이 피지 않았는데도 벚꽃 축제를 하는 지자체가 있었어요.
④ 올해 들어 인공지능 반도체 관련 기업들의 주가가 치솟았어요.

2. 다음 밑줄 친 낱말과 반대의 뜻을 가진 낱말을 고르세요.

> 그래서 올해에는 많은 지자체들이 벚꽃 축제 일정을 확 앞당긴 거예요.

① 취소한   ② 잡은   ③ 서두른   ④ 미룬

3. 다음 글의 중심 낱말은 무엇인가요?

> 적산온도를 계산할 때 필요한 기준 온도는 작물에 따라 다르지만 가을 채소와 같이 저온에서도 자라는 작물은 5도, 일반적인 온대 지방의 여름작물은 10도, 고온을 필요로 하는 작물은 15도라고 알려져 있어요.

① 적산온도   ② 기준 온도   ③ 작물   ④ 고온

4. 다음 빈칸에 알맞은 낱말들을 차례대로 쓴 것을 고르세요.

> 환경운동가들은 고흐의 작품에 토마토를 끼얹는 ☐☐를 해 징역형을 ☐☐ 받았어요.

① 시위-선고　　② 시위-처벌　　③ 선고-시위　　④ 선고-처벌

5. 다음 글의 내용에 대한 설명 중 틀린 것은 무엇인가요?

> 미국 플로리다주는 2025년부터 14세 미만 어린이들의 사회관계망서비스(SNS) 가입을 금지하는 법안을 시행하기로 했어요. 플로리다주의 주지사는 14세 미만 어린이의 SNS 가입을 금지하고, 14~15세 이용자는 부모 동의가 있어야 SNS 계정을 개설할 수 있도록 하는 내용의 법안을 공포했어요. 이에 따라 내년 1월부터 SNS 회사들은 14세 미만 이용자가 사용하는 SNS 계정을 폐쇄하고, 이들의 개인정보를 모두 파기해야 해요.

① 2025년부터 어린이들은 SNS에 가입할 수 없어요.
② 이 법안은 미국 전 지역에서 시행돼요.
③ 이 법안에서 어린이는 14세 미만인 사람을 말해요.
④ 14~15세 이용자는 부모 동의가 있으면 SNS에 가입할 수 있어요.

글쓰기 3 – 겪은 일로 기사문 쓰기

☝ 최근 자신이 겪은 일을 기사문 형식으로 써 보세요.

아래의 기사문 쓰는 방법을 읽어보고, 자신이 겪은 일을 기사문 형식에 맞추어 써 보세요.

제목	· 기사의 핵심 내용이 잘 드러나도록
전문	· 기사문 전체 내용을 요약해서 · 육하원칙 중 주로 누가, 언제, 어디서, 무엇을이 드러나도록
본문	· 구체적인 사실들을 문단별로 나누어서 · 육하원칙 중 어떻게, 왜가 드러나도록

✎ 개요 짜기

기사문을 쓰기 전에 어떤 내용을 어떤 순서로 쓸지 아래 표 안에 간단히 적어 보세요.

제목			
전문	누가: 어디서:		언제: 무엇을:
본문	1문단	어떻게/왜	
	2문단	어떻게/왜	
	3문단	어떻게/왜	

✍ 기사문 쓰기

위 개요표의 내용을 바탕으로 기사문을 완성해 보세요.

제목	
전문	
본문	

Week 4

16 문화 | '문화재'가 아니라 '국가유산'이에요
17 경제 | 이 과자, 양이 좀 줄어든 것 같은데?
18 과학 | 해를 품은 달? 달을 품은 해?
19 국제 | 덴마크에서 리콜 조치된 핵불닭볶음면
20 사회 | 이젠 가성비보다 시성비

'문화재'가 아니라 '국가유산'이에요

2024년 5월

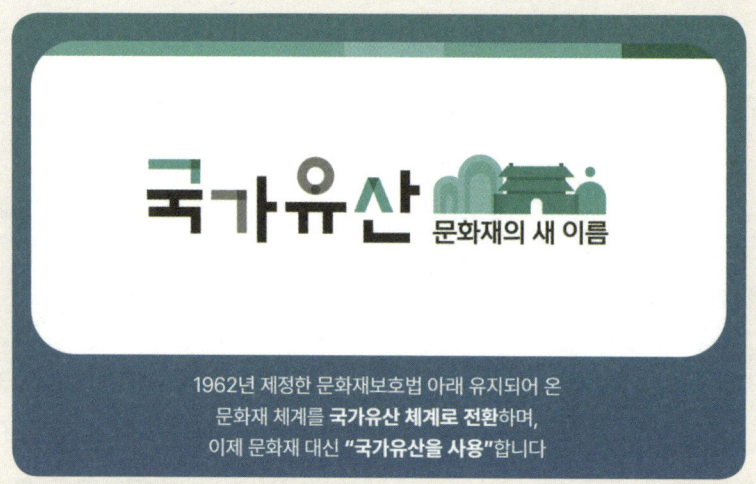

문화재의 새 이름 [자료=국가유산청 홈페이지]

  60여 년 동안 우리나라에 있는 역사적 장소와 유물을 부를 때 쓰던 '문화재'라는 용어가 '국가유산'으로 바뀌게 되었어요. 따라서 문화재를 관리하던 '문화재청'도 국가유산을 관리하는 '국가유산청'이 돼요.

  우리나라는 1960년에 제정된 문화재보호법에 따라 '문화재'라는 용어를 사용해 왔어요. 그러나 2023년에 새로 제정된 국가유산기본법에 따라 2024년 5월 17일부터는 '국가유산'으로 바뀌게 되었어요.

  '문화재'는 재물을 뜻하는 재(財)자가 들어있어 역사적인 유적이나 유물, 또는 자연물의 가치를 돈으로 평가하는 것 같은 용어였어요. 세계적으로 이런 용어를 쓰는 나라는 한국과 일본뿐이었다고 해요.

  현재 다른 나라들은 대부분 '유산'(heritage)'이라는 의미의 용어를 쓰고 있어요. 이는 1972년 유네스코(UNESCO)가 제정한 '세계 문화 및 자연유산 보호에 관한 협약'에 따른 것이에요. 유네스코는 유산을 세계유산(문화유산, 자연유산), 무형유산, 기록유산으로 구분하고 있어요. 우리도 이와 비슷하게 문화유산, 자연유산, 무형유산으로 분류하게 돼요. 그동안은 유형문화재, 무형문화재, 기념물, 민속문화재 등으로 구분해 왔어요.

'문화재'라는 용어는 탈춤이나 궁중음식과 같은 오랜 기간 전통을 이어온 장인이나 바닷길, 정이품송 같은 자연물을 가리키기에 적절하지 않다는 의견이 있었어요. 또한 다른 나라와 명칭과 분류법이 달라 개선해야 한다는 요구도 있어 오랜 논의 끝에 바꾸게 된 것이에요.

어휘풀이
- **유물** 앞선 세대의 인류가 후세에 남긴 물건
- **제정** 제도나 법률 따위를 만들어 정함
- **유적** 남아 있는 자취
- **유산** 선조가 남긴 가치 있는 물질적, 정신적 전통
- **협약** 국가 간에 협의하여 조약을 맺음
- **무형** 겉으로 드러나 보이는 형체가 없음

생각해보기

· '문화재'가 '문화유산'으로 바뀐 이유를 설명해 보세요.
_____

· 자신의 이름이 마음에 드나요? 바꾼다면 어떤 이름으로 짓고 싶은가요?
_____

시사상식

유네스코(UNESCO)

전 세계의 교육, 과학, 문화 보급과 교류를 위해 설립된 유엔의 전문 기구예요. 1945년 11월 16일 창설되었어요. 유네스코가 하는 일 중 가장 널리 알려진 것은 세계유산 지정이에요. 우리나라의 석굴암, 종묘, 제주 화산섬과 용암 동굴, 갯벌 등도 유네스코 세계유산에 등재되어 있어요. 우리나라는 1950년 유네스코에 가입했어요.

깊이읽기 신문 기사 속에서 다음 질문의 답을 찾아보세요.

1. 다음 ☐ 안에 알맞은 말을 쓰세요.

① '문화재'라는 용어가 '☐☐☐☐'으로 바뀌게 되었어요.

② '문화재'라는 의미의 용어를 쓰는 나라는 한국과 ☐☐뿐이었다고 해요.

2. 맞는 내용에는 O표, 틀린 내용에는 X표 하세요.

① '문화재'라는 용어를 사용해온 것은 문화재보호법에 따른 것이었어요. ( )

② '문화재'는 유적이나 유물을 돈으로 평가하는 것 같은 용어였어요. ( )

③ '문화유산'은 올해 급하게 만들어낸 용어예요. ( )

3. 많은 나라들이 '유산'을 뜻하는 용어를 사용하는 것은 어느 기구의 영향인가요?

① 유엔　　　　　② 유네스코

③ 문화재청　　　④ 국가유산청

92　Week4

4. 우리나라의 국가유산 분류에 해당하지 않는 것은 무엇인가요?

① 세계유산　　　　② 문화유산

③ 자연유산　　　　④ 무형유산

5. ☐ 안에 알맞은 말을 넣어 기사 내용을 간추려 보세요.

> 그동안 '문화재'라고 불렀던 역사적 장소와 ☐☐들을 '국가유산'으로 부르게 되었어요. 새로 ☐☐된 국가유산기본법에 따라 2024년 5월부터 '문화재청'도 '국가유산청'이 돼요. '국가유산'은 우리나라의 유적이나 유물, 자연물의 가치를 ☐으로 따지지 않고, 장인이나 ☐☐☐을 가리키는 데도 적절한 용어예요.

17 경제

이 과자, 양이 좀 줄어든 것 같은데?

2024년 5월

시리얼 [사진=픽사베이]

최근 공정거래위원회는 가공식품 등의 제조사들이 제품의 용량을 줄여 판매할 때 그 사실을 반드시 소비자에게 알리도록 규정을 마련했어요.

공정거래위원회는 지난 3일 '사업자의 부당한 소비자거래행위 지정 고시°' 개정안을 발령°했어요. 이제 제품의 용량을 줄이고도 소비자에게 알리지 않으면 부당한 소비자거래 행위로 지정돼 과태료° 부과 대상이 돼요.

제조사들의 이 같은 행위를 슈링크플레이션이라고 해요. 슈링크플레이션은 '줄어들다'라는 뜻의 '슈링크(shrink)'와 '인플레이션(inflation: 물가 상승)'의 합성어예요. 원자재 가격이 올랐을 때 제조사들은 자신들의 제품 가격을 올리기보다 제품의 크기나 무게를 줄이거나 품질을 낮추어 생산하는 방식을 쓰기도 해요. 이 방식은 소비자들이 눈치 못 채게 가격을 올린 것이나 마찬가지라서 '꼼수 인상'이라고 부르기도 해요. 1,000ml 용량의 우유가 슬그머니 900ml로 바뀌는 것이 대표적인 사례예요.

공정거래위원회는 제조사들이 상품의 용량°, 규격°, 중량°, 개수를 줄이고도 소비자들에게 충분히 알리지 않아 소비자들이 자신도 모르게 가격 인상을 부담하는 것을 막기 위해 이번 규정을 마련했어요.

  용량 등의 변경 사실을 알려야 하는 품목으로는 햄, 우유, 설탕, 치즈, 식용유, 빵, 시리얼, 생리대, 치약 등이 지정됐어요. 이 품목을 만드는 제조사들은 용량 등이 변경된 날로부터 3개월 이상, 포장이나 제조사 홈페이지 또는 제품 판매 장소 중 한 곳에 변경된 사실을 알려야 해요. 이 의무를 위반할 경우 최대 1,000만 원의 과태료가 부과돼요.

  공정거래위원회는 제조사들이 이 내용을 충분히 알고 준비할 수 있도록 3개월의 시간을 주고, 오는 8월 3일부터 이 개정안을 시행할 예정이에요.

어휘풀이
- **고시** 행정 기관이 일반 국민에게 글로 써서 보임
- **발령** 법령, 경보, 주의보 따위를 발동함
- **과태료** 공법상의 의무 이행을 태만히 한 사람에게 물게 하는 돈
- **용량** 용기 안에 들어갈 수 있는 물건의 분량
- **규격** 공업 제품이나 재료의 치수, 모양, 질 등의 일정한 표준
- **중량** 무거운 정도

생각해보기

- 가격은 그대로지만 용량이 줄어든 제품을 사 본 경험이 있나요?
- 공정거래위원회가 제 역할을 하지 않으면 어떻게 될까요?

시사상식

공정거래위원회

독점 규제 및 공정거래에 관한 사무를 관장하는 국무총리실 소속 중앙행정기관이에요. 독점이나 불공정 거래 행위를 규제하고 소비자의 권익을 보호하며 허위, 과장 광고를 규제하는 일도 해요. 또한 기업 및 개인의 공정거래법 위반 행위를 조사해 행정 처분 또는 형사 고발을 해요. 소비자로서 권리를 침해당했을 경우 공정거래위원회 홈페이지를 통해 구제 신청을 할 수 있어요.

깊이읽기 신문 기사 속에서 다음 질문의 답을 찾아보세요.

1. 다음 ☐ 안에 알맞은 말을 쓰세요.

① 공정거래위원회는 제품의 ☐☐을 줄여 판매할 때 그 사실을 소비자에게 알리도록 했어요.

② 그 사실을 소비자에게 알리지 않으면 ☐☐☐ 부과 대상이 돼요.

2. 맞는 내용에는 O표, 틀린 내용에는 X표 하세요.

① 제품 가격은 그대로인데 용량이 줄면 소비자에게 이익이에요. (　)

② 슈링크플레이션은 꼼수 인상이라고도 불러요. (　)

③ 제조사는 제품 포장이나 홈페이지, 판매 장소 중 한 곳에 변경된 사실을 알려야 해요. (　)

3. 공정거래위원회의 이번 개정안은 무엇을 막기 위한 것인가요?

① 디플레이션　　② 스테그플레이션

③ 슈링크플레이션　　④ 프로틴플레이션

4. 용량 등의 변경 사실을 알려야 하는 품목이 아닌 것은 무엇인가요?

① 포도　　② 우유　　③ 설탕　　④ 시리얼

5. ☐ 안에 알맞은 말을 넣어 기사 내용을 간추려 보세요.

☐☐☐☐위원회는 가공식품 제조사들이 제품의 용량, 규격, 중량 등을 줄여 판매할 때 그 사실을 반드시 소비자에게 알리도록 규정을 마련했어요. 이 의무를 위반할 경우 과태료가 부과돼요. '☐☐☐플레이션'이라는 제조사들의 이런 행위는 ☐☐☐들이 자신도 모르게 가격 인상을 부담하게 해요.

해를 품은 달? 달을 품은 해?

2024년 4월

2024 북미 개기일식[사진=한국천문연구원]

   지난 4월 8일 북미 대륙에서 펼쳐진 개기일식에 수억 명의 사람들이 열광했어요. 2017년에 이어 7년 만에 다시 볼 수 있게 된 이 우주쇼에 북미 대륙 사람들은 물론 전 세계인들의 관심이 쏟아진 거예요.

   개기일식은 달이 지구와 태양 사이를 지나면서 태양 전체를 가리는 현상이에요. 태양의 단면은 달보다 약 400배 크지만 지구와의 거리도 약 400배 더 멀리 떨어져 있어서 지구에서 보면 태양과 달의 크기가 비슷해 보여요. 그래서 달이 태양을 완전히 가리는 개기일식 때는 하늘이 어두워지고, 태양 대기의 바깥 부분인 코로나도 관측할 수 있어요.

   이번 개기일식은 미국 동부 시간으로 4월 8일 오후 2시 7분쯤 멕시코 서부 마자틀란에서 시작되어 미국 남서부에서 북동쪽으로 대륙을 관통하며 미국 동부를 지나 캐나다 뉴펀들랜드주에서 오후 3시 46분쯤 마지막으로 관측되었어요.

   수백만 명의 사람들이 개기일식이 관측될 것으로 예상된 지역을 찾아갔어요. 그 지역에 사는 사람들은 대부분 집이나 건물 안에서 나와 하늘을 바라보았어요. 일식을 보기 위해 장거리 이동을 하거나 그 지역에서 숙박을 하는 사람들도 많았고, 비행기 안에서 개기일식을 볼 수 있는 항공편 이벤트는 비싼 가격에도 불구하고 모든 좌석이 매진되었어요.

우리나라에서도 한국천문연구원 연구원들이 개기일식을 관측하고 돌아왔어요. 텍사스주 람파사스시와 리키시로 날아간 두 팀의 관측단이 새로운 관측기법과 관측기를 시험하고 개기일식의 순간을 담은 사진도 공개했어요. 한국천문연구원에 따르면 한반도에서는 2035년 9월 2일에 개기일식을 볼 수 있을 거라고 해요.

어휘풀이
- **북미** 아메리카 대륙의 북반부
- **열광** 너무 흥분하여 미친 듯이 날뜀
- **대기** 천체의 표면을 둘러싸고 있는 기체
- **관측** 기상, 천문 등의 자연 현상을 관찰하여 그 움직임을 측정함
- **관통** 이쪽에서 저쪽까지 꿰뚫어서 통과함
- **매진** 표나 상품 따위가 남김없이 다 팔림

생각해보기

· 많은 사람이 개기일식에 열광한 이유는 무엇일까요?

· 2035년 한반도에서 개기일식을 볼 수 있게 될 때 무엇을 하고 싶은가요?

시사상식

코로나(corona)

태양 대기의 가장 바깥에 있는 엷은 가스층이에요. 온도는 100만℃ 정도로 매우 높아요. 보통 때에는 태양 안쪽의 광구 부분에 비해 어둡기 때문에 코로나그래프 같은 장비를 사용해야 볼 수 있어요. 개기일식 때에는 맨눈으로 관측할 수 있지요. 코로나19의 원인이 된 코로나바이러스의 모습을 현미경으로 보면 바이러스의 가장자리가 왕관 또는 태양 코로나의 모양과 비슷하다고 해요.

깊이읽기 신문 기사 속에서 다음 질문의 답을 찾아보세요.

1. 다음 ☐ 안에 알맞은 말을 쓰세요.

   ① 북미 대륙에서 펼쳐진 개기일식에 많은 사람들이 ☐☐했어요.

   ② 개기일식은 달이 ☐☐와 태양 사이를 지나면서 태양 전체를 가리는 현상이에요.

2. 맞는 내용에는 O표, 틀린 내용에는 X표 하세요.

   ① 태양과 달의 실제 크기는 비슷해요. (   )

   ② 캐나다에서도 이번 일식이 관측되었어요. (   )

   ③ 우리나라 연구원들도 미국 텍사스주에서 일식을 관측하고 왔어요.
      (   )

3. 이번 일식은 북미에서 몇 년 만에 다시 관측된 것인가요?

   ① 4년   ② 7년   ③ 8년   ④ 46년

공부한 날   월   일   요일

4. 이번 개기일식이 관측된 장소가 아닌 것은 어디인가요?

① 대한민국 천문연구원   ② 멕시코 서부

③ 미국 동부   ④ 캐나다 뉴펀들랜드주

5. ☐ 안에 알맞은 말을 넣어 기사 내용을 간추려 보세요.

> 지난 4월 8일 북미 대륙에서 ☐☐☐☐이 펼쳐졌어요. 달이 ☐☐ 전체를 가리는 이 우주쇼에 많은 사람들이 열광했어요. 수백만 명의 사람들이 일식을 관측할 수 있는 지역으로 몰려들었고, 우리나라 천문연구원의 ☐☐☐들도 일식을 관측하고 왔어요.

국제

덴마크에서 리콜 조치된 핵불닭볶음면

2024년 7월

덴마크 수의식품청 '불닭볶음면' 3개 제품 회수 조치 발표[사진=덴마크 수의식품청 캡쳐]

  덴마크 식품 당국이 우리나라 라면 제조사 삼양식품의 핵불닭볶음면 등 일부 제품을 리콜(회수) 조치했어요. 6월 11일(현지 시각) 영국 BBC 방송에 따르면 덴마크 수의식품청(DVFA)은 삼양식품의 '불닭' 시리즈 제품 중 핵불닭볶음면 3X스파이시, 핵불닭볶음면 2X스파이시, 불닭볶음탕면 등 3개 제품을 현지* 시장에서 리콜 조치한다고 발표했어요.

  DVFA은 '단일 봉지에 들어 있는 캡사이신의 함량이 너무 높아 너무 맵기 때문에 소비자가 급성* 중독을 일으킬 위험이 있다'면서 소비자들이 이 제품을 갖고 있다면 폐기* 하거나 구매한 매장에 반품하라고 권고했어요. 불닭볶음면은 세계적으로 인기를 끌고 있는 제품인데 리콜 조치가 발표된 것은 처음이에요.

  그런데 덴마크의 리콜 조치 이후 오히려 불닭볶음면에 대한 관심이 높아졌어요. BBC, AP통신, AFP통신 등 외신들이 이 사실을 앞다투어 보도했고, BBC, 가디언, 호주 ABC 방송 등의 기자들은 불닭볶음면을 직접 시식하는 영상을 올리기도 했어요. 구글 검색 트렌드에 따르면 전 세계 '불닭' 검색량이 리콜 발표가 있던 6월에 역대 최고를 기록했어요. 검색량은 지난해 10월의 2배였어요.

삼양식품은 캡사이신 양 측정법에 오류가 있었다는 내용의 반박* 의견서를 보냈고, 우리나라 식품의약품안전처도 DVFA에 공식 서한*을 전달하는 등 리콜 조치 해제를 위해 노력했어요. 그 결과 덴마크는 약 한 달 뒤인 7월 15일(현지 시각) 리콜 조치 되었던 3종의 제품 중 2종에 대한 리콜 해제 결정을 내렸어요. DVFA는 핵불닭볶음면 2X 스파이시와 붉닭볶음탕면에 대한 리콜 조치가 해제되었다고 밝혔어요.

삼양식품은 리콜 조치 해제를 기념해 덴마크 수도 코펜하겐에서 '불닭 스파이시 페리* 파티'를 개최했어요. 인플루언서 및 소비자 120명이 페리를 타고 코펜하겐 운하를 이동하며 약 3시간 동안 열린 이 파티를 통해 불닭볶음면은 덴마크에 화려하게 복귀했어요.

어휘풀이

- **현지** 어떤 일이 벌어졌거나 진행되는 바로 그곳
- **급성** 병의 증세가 갑자기 나타나거나 병세가 빠르게 진행하는 성질
- **폐기** 못 쓰게 되거나 필요 없어진 물건을 아주 버림 · **반박** 남의 의견이나 주장에 반대하여 논박함
- **서한** 안부나 소식, 볼일 따위를 적어 다른 사람에게 보내는 글 · **페리** 승객이나 자동차를 실어 운반하는 배

생각해보기

· 불닭볶음면에 리콜 조치를 한 덴마크 수의식품청의 결정에 대해 어떻게 생각하나요?

· 다른 나라에서 들어온 음식 중에 건강에 좋지 않을 것 같은 음식이 있나요?

시사상식

리콜(recall)

제품의 결함 때문에 소비자가 생명, 신체상의 위해를 입을 우려가 있다고 판단되는 제품을 기업에서 회수하여 점검, 교환, 환불 등의 조치를 하도록 하는 제도예요. 제조사가 스스로 결정하는 자발적 리콜과 정부가 명령하는 강제적 리콜이 있어요. 자동차, 식품, 공산품, 의약품 등의 품목을 심의해 관련법에 따라 리콜 명령을 내려요. 우리나라의 경우 리콜 명령을 위반하면 3년 이하의 징역이나 5천만 원 이하의 벌금이 부과돼요.

깊이읽기 신문 기사 속에서 다음 질문의 답을 찾아보세요.

1. 다음 ☐ 안에 알맞은 말을 쓰세요.

　① ☐☐☐ 식품 당국이 핵불닭볶음면 일부 제품을 리콜 조치했어요.

　② 핵불닭볶음면이 너무 매워 소비자가 급성 ☐☐을 일으킬 위험이 있다고 했어요.

2. 맞는 내용에는 O표, 틀린 내용에는 X표 하세요.

　① 덴마크 당국은 리콜 조치를 발표하면서 제품을 갖고 있다면 최대한 빨리 먹으라고 했어요. (　)

　② 불닭볶음면은 세계적으로 인기를 끌고 있는 제품이에요. (　)

　③ 덴마크 당국은 리콜 조치를 해제할 생각이 없어요. (　)

3. 덴마크가 리콜 조치를 발표한 라면이 아닌 것은 무엇인가요?

　① 핵불닭볶음면 3X스파이시　② 핵불닭볶음면 2X스파이시

　③ 불닭볶음탕면　④ 까르보 불닭볶음면

4. 불닭볶음면을 시식하는 영상을 올린 방송사가 아닌 것은 무엇인가요?

① BBC　　　　② AP통신
③ 가디언　　　④ 호주 ABC 방송

5. ☐ 안에 알맞은 말을 넣어 기사 내용을 간추려 보세요.

> 덴마크에서 우리나라의 핵불닭볶음면 3종을 ☐☐ 조치했어요. ☐☐ ☐☐함량이 높아 너무 맵기 때문에 소비자가 급성 중독을 일으킬 위험이 있다는 이유였어요. 그러나 삼양식품과 식품의약품안전처의 노력으로 제품 2종의 리콜 조치는 ☐☐되었어요.

이젠 가성비보다 시성비

2024년 1월

시간 절약 [사진=픽사베이]

우리나라 사람들은 얼마 전까지 물건이나 서비스를 구매할 때, '가격 대비 성능의 비율'을 따지는 '가성비'를 중요시했어요. 그런데 이제는 '시성비'까지 따진다고 해요. 짧은 시간에 큰 만족을 얻고 싶은 요즘 사람들은 '시간 가성비(시성비)'를 따진다는 거예요.

모든 일상생활에서 1분, 1초 단위로 시간을 쪼개가며 아껴 쓰는 현대사회를 '분초 사회'라고 해요. 사람들은 시간을 효율적으로 사용해 짧은 시간에 많은 경험을 하고 싶어 해요. 영상을 시청할 때도 '배속 시청' 또는 '10초 건너뛰기' 기능을 활용해 영상 시청 시간을 줄여요. 영화나 드라마 보는 시간을 아끼기 위해 전체 내용을 10분 안팎으로 요약한 영상을 보는 사람도 많아요. 1분 내외의 짧은 글이나 영상인 숏폼이 유행하는 것도 시성비를 생각하기 때문이에요.

단지 바쁘기 때문이 아니라 볼 것, 할 것, 즐길 것이 너무 많아져 1분 1초가 아쉬운 거예요. 그래서 대중교통으로 먼 곳을 갈 때 빠른 환승역이나 정류장을 미리 검색해 보고 길을 나서지요. 지하철이나 버스로 이동하는 동안에도 멍하니 있지 않고 스마트폰으로 영상이나 뉴스를 봐요. 혼자서 밥을 먹을 때도 밥만 먹는 게 아니라 자신과 함께해줄 '밥친구'로 영상을 보면서 밥을 먹어 한 번에 두 가지 일을 해요. 또 물건을 구매하는 시간을 절약하기 위해 로켓배송, 당일배송 서비스가 되는 인터넷 쇼핑을 이용하지요. 음식 배달이나 택시 호출 서비스를 이용하면 몇 분 뒤에 도착하는지까지 알려주고요.

  전문가들은 분초 사회에서 살아가기 위해 시간을 효율적으로 쓰는 것도 중요하지만 때로는 속도를 늦추고 자기 내면을 성찰하는 시간, 깊이 있는 독서와 사색의 시간을 가져야 한다고 권장하고 있어요.

어휘풀이
- **서비스** 재화를 생산하지는 않으나 그것을 운반, 배급, 판매하거나 생산과 소비에 필요한 노무를 제공하는 일
- **대비** 두 가지 것의 차이를 명백히 하기 위해 서로 비교함
- **배속** 속도가 원래에 비해 그 수치만큼 빠름을 이르는 말
- **호출** 어떤 사람을 일정한 곳까지 오도록 불러냄
- **성찰** 자신의 일을 반성하며 깊이 살핌
- **사색** 어떤 것에 대하여 깊이 헤아려 생각함

생각해보기

- 내가 물건을 살 때 중요하게 생각하는 기준은 무엇인가요?

- 분초 사회에서 여유를 갖고 자신을 되돌아볼 수 있는 활동에는 어떤 것이 있을까요?

시사상식

숏폼(short-form)

길이가 짧은 형태의 글이나 동영상을 뜻해요. 2010년대부터 인기를 얻기 시작해 지금은 전 세계적인 인기를 누리고 있어요. 현재 가장 널리 사용되는 숏폼 동영상 앱은 틱톡이고, 인스타그램의 릴스와 유튜브 쇼츠도 숏폼이에요. 또한 블로그나 트위터 같은 소셜미디어 등에 올라오는 600단어에서 1,000단어 사이의 글도 숏폼이라고 불러요.

깊이 읽기 신문 기사 속에서 다음 질문의 답을 찾아보세요.

1. 다음 ☐ 안에 알맞은 말을 쓰세요.

   ① 물건이나 서비스를 구매할 때 따져보는 ☐☐☐는 '가격 대비 성능의 비율'이에요.

   ② 1분 1초 단위로 시간을 쪼개가며 아껴 쓰는 현대사회를 ☐☐ ☐☐ 라고 해요.

2. 맞는 내용에는 O표, 틀린 내용에는 X표 하세요.

   ① 시성비를 따지는 것은 가격에 비해 얼마나 성능이 좋은지 판단하는 거예요. ( )

   ② 영상을 시청할 때 배속 시청 기능을 활용하는 것도 시성비와 관계있어요. ( )

   ③ 시간을 아끼는 것도 중요하지만 자기 내면을 성찰하는 시간도 중요해요. ( )

3. 요즘 사람들이 시성비를 중요하게 생각하는 이유가 아닌 것은 무엇인가요?

　① 바쁘기 때문에　　　② 많은 경험을 하고 싶어서

　③ 돈을 절약하고 싶어서　④ 볼 것, 할 것, 즐길 것이 너무 많아서

4. 시성비와 관계가 먼 행동은 어떤 것인가요?

　① 숏폼 시청　　　　　② 대중교통 이용

　③ 로켓배송 이용　　　④ 영화 요약 영상 시청

5. ☐ 안에 알맞은 말을 넣어 기사 내용을 간추려 보세요.

요즘 사람들은 물건이나 ☐☐☐를 구매할 때 가성비뿐 아니라 ☐☐☐까지 따져요. 이처럼 시간 가성비를 따지며 1분 1초 아껴 쓰는 현대사회를 분초 사회라고 해요. 시간을 효율적으로 사용해 짧은 시간에 많은 ☐☐을 하는 것도 중요하지만, 성찰과 사색의 시간도 꼭 필요해요.

종합 독해력 문제 4

1. 다음 빈칸에 알맞은 낱말을 보기에서 골라 쓰세요.

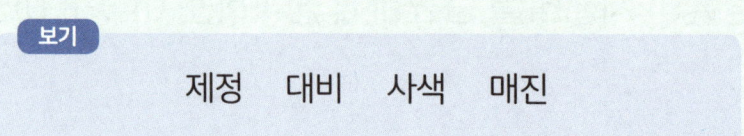

① 문화재보호법은 1960년에 ☐☐되었어요.
② 개기일식을 볼 수 있는 항공표가 ☐☐되었어요.
③ 깊이 있는 독서와 ☐☐의 시간이 필요해요.

2. 다음 중 원인과 결과가 잘못 짝지어진 것을 고르세요.

① 원인: 짧은 시간에 많은 경험을 하고 싶어 해요.
　결과: 1분 내외의 짧은 영상인 숏폼이 유행해요.
② 원인: 7년 만에 북미 대륙에서 개기일식이 관측되었어요.
　결과: 수억 명의 사람들이 열광했어요.
③ 원인: 원자재 가격이 올라요.
　결과: 가공식품 제조사들이 슬그머니 제품의 용량을 줄여 팔아요.
④ 원인: 덴마크 수의식품청이 삼양식품의 불닭 제품을 리콜 조치했어요.
　결과: 삼양식품은 덴마크의 수도에서 '불닭 스파이시 페리 파티'를 열었어요.

3. 다음 문장에서 밑줄 친 '그 지역'이 어디인지 글 속에서 찾아 밑줄을 그어 보세요.

> 수백만 명의 사람들이 개기일식이 관측될 것으로 예상된 지역을 찾아갔어요. 그 지역에 사는 사람들은 대부분 집이나 건물 안에서 나와 하늘을 바라보았어요.

4. 다음 밑줄 친 낱말과 뜻이 비슷한 낱말을 고르세요.

> 삼양식품은 캡사이신 양 측정법에 오류가 있었다는 내용의 반박 의견서를 보냈고, 우리나라 식품의약품안전처도 DVFA에 공식 서한을 전달하는 등 리콜 조치 해제를 위해 노력했어요.

① 항의 ② 돈 ③ 사람 ④ 편지

5. 다음 중 '국가유산'에 해당하지 않는 것은 무엇인가요?

① 사유재산 ② 문화유산 ③ 자연유산 ④ 기록유산

글쓰기 4 - 기사문에 대해 알아보기

여행이나 현장학습 또는 나들이 다녀온 일을 기사문 형식으로 써 보세요.

✎ 개요 짜기

기사문을 쓰기 전에 어떤 내용을 어떤 순서로 쓸지 아래 표 안에 간단히 적어 보세요.

제목			
전문	누가(누구와): 어디서(여행 간 곳):	언제(여행 간 날): 무엇을(여행,나들이,현장학습):	
본문	1문단	출발한 곳, 첫 번째 간 곳	
	2문단	두 번째 간 곳	
	3문단	세 번째 간 곳, 여행 평가, 감상	

✍ 기사문 형식으로 기행문 쓰기

위 개요표의 내용을 바탕으로 기사문 형식의 기행문을 완성해 보세요. 기행문에 꼭 들어가야 하는 여정(간 곳), 견문(보고, 듣고, 한 일), 감상(생각한 것, 느낀 것)이 잘 드러나게 쓰세요.

제목	
전문	
본문	

Week 5

- **21 사회** | 내 의견을 구독 취소로 보여주겠어!
- **22 교육** | 학교폭력 기록이 4년으로 늘어나요
- **23 과학** | 가정집 지붕 뚫은 우주쓰레기
- **24 사회** | 어린이 장화에서 발암물질이
- **25 사회** | 제로 슈거 음료 마시고 배탈 날 수도 있어요

내 의견을 구독 취소로 보여주겠어!

2024년 5월

유튜브 구독 [자료=픽사베이]

한 유튜브 채널이 최근 올린 영상에서 지역 비하° 발언을 했다는 논란에 휩싸였어요. 얼마 전 이 채널에 올라온 영상 하나가 문제가 된 거예요. 경상도의 한 지역을 홍보하는 이 영상에는 그 지역에 대한 부정적인 말들이 들어있었어요. 그 말들이 지역 비하 발언이라는 논란°에 휩싸이자, 채널 운영자들은 사과하고 영상을 비공개로 돌렸어요. 하지만 이 채널은 일주일 만에 구독자 수가 15만 명 줄고, 영상 조회 수도 급격히 떨어졌어요.

유튜브 이용자들의 이러한 움직임은 '캔슬 컬처'(cancel culture)라고 할 수 있어요. 캔슬 컬처는 사회적 영향력°을 가진 유명인이 논란이 될 만한 발언이나 행동을 했을 때 그에 대한 지지를 거두어들이는 것이에요. 유튜브의 구독이나 SNS 팔로우를 취소(cancel) 함으로서 지지를 철회°하는 문화(culture)인 거죠.

얼마 전에는 한 환경단체의 후원°을 취소하겠다는 네티즌들이 줄을 잇기도 했어요. 그 단체의 홍보대사°였던 배우가 골프 애호가라는 사실이 알려졌기 때문이에요. 골프장을 건설하고 관리하는 데에는 환경 파괴가 뒤따르는데 어떻게 골프를 좋아하는 사람이 환경단체의 홍보대사가 될 수 있냐는 것이었어요.

    캔슬 컬처는 유명인들의 학교폭력이나 음주 운전, 약자 비하 발언 등 잘못된 행동과 말에 책임을 묻고, 비슷한 일이 다시 발생하지 않도록 예방한다는 장점이 있어요. 그러나 너무 성급한 판단으로 한꺼번에 많은 사람들이 한 사람의 인생 전체를 공격하면 돌이키기 힘든 부작용이 생길 수도 있어요.

어휘풀이
- **비하** 남을 업신여기어 낮춤
- **논란** 어떤 대상이나 소재에 대하여 이러니저러니 서로 다르게 주장하며 다툼
- **영향력** 어떤 사물이 다른 사물이나 작용에 미치는 힘
- **철회** 이미 제출하였던 것이나 주장하였던 것을 도로 거두어들이거나 취소함
- **후원** 뒤에서 도와줌
- **홍보대사** 사업이나 상품, 업적 따위의 홍보 활동을 대표하여 담당하는 사람

생각해보기

- 구독 취소를 해 본 적이 있나요? 그 이유는 무엇이었나요?

- 많은 사람이 한꺼번에 구독을 취소하면 그 채널 운영자는 어떤 생각을 할까요?

시 사 상 식

구독

본래는 신문이나 잡지, 책 따위의 간행물을 사서 읽는 것을 '구독(購讀)'이라고 했어요. 최근에는 그 의미가 더 다양해져서 특정 사이트나 앱의 채널을 저장하는 것도 구독이라고 해요. 구독을 하면 새로운 게시물이 올라올 때마다 알림이 울려서 빠르게 새 게시물을 볼 수 있어요. 또한 매달 일정한 금액을 지불하고 음원이나 영상, 전자책, 식품, 꽃 등을 받아보는 구독서비스도 많아졌어요.

깊이읽기 신문 기사 속에서 다음 질문의 답을 찾아보세요.

1. 다음 ☐ 안에 알맞은 말을 쓰세요.

① 최근 한 유튜브 채널의 영상이 ☐☐ 비하 발언 논란에 휩싸였어요.

② 사람들은 유튜브의 구독이나 SNS의 ☐☐☐를 취소해 지지를 철회하기도 해요.

2. 맞는 내용에는 O표, 틀린 내용에는 X표 하세요.

① 지역 비하 논란에 휩싸인 유튜브 채널 측은 영상을 비공개로 돌렸어요. (   )

② 이 채널의 구독자수가 줄어든 것은 지역 비하 발언 때문이에요. (   )

③ 캔슬 컬처는 장점이 없고 부작용만 심해요. (   )

3. 한 환경단체의 후원자들은 홍보대사가 어떤 사람이라 후원을 취소하겠다고 했나요?

① 영화배우   ② 골프 애호가   ③ 유튜버   ④ 유명인

4. 유명인들의 잘못된 말과 행동이 아닌 것은 무엇인가요?

① 학교폭력　② 유튜브 구독　③ 음주 운전　④ 약자 비하 발언

5. ☐ 안에 알맞은 말을 넣어 기사 내용을 간추려 보세요.

얼마 전 지역 비하 발언 논란이 있었던 유튜브 채널은 ☐☐☐ 수가 크게 줄었어요. 또 골프를 즐긴다는 배우가 홍보대사인 환경단체에는 ☐☐을 취소하겠다는 사람들이 줄을 이었어요. 이처럼 유명인이 논란이 될 만한 발언이나 행동을 했을 때 그에 대한 지지를 철회하는 사람들의 움직임을 ☐☐☐☐라고 해요.

22 교육

학교폭력 기록이 4년으로 늘어나요

2024년 3월

중대한 학교폭력 조치사항 기록을 졸업 후 4년간 보존합니다

「초·중등교육법 시행규칙」 일부 개정('24.3.1.부터 시행)

✓ 가해 학생의 학교폭력 조치 중 출석정지(6호), 학급교체(7호), 전학(8호) 조치의 학교생활기록부 기록 보존기간을 졸업 후 2년에서 4년으로 연장

학교폭력 조치사항 [자료=교육부 홈페이지]

    올해부터 중대한 학교폭력 가해* 기록은 졸업 후 4년 동안 학교생활기록부(학생부)에 남게 되었어요. 그렇게 되면 가해 학생의 진학이나 취업 등에도 영향을 미쳐요.
    교육부는 3월 1일부터 이와 같은 내용을 담은 '초·중등교육법 시행규칙'이 개정돼 시행된다고 밝혔어요. 이에 따라 올해 3월 1일부터 신고 및 접수된 학교폭력 가해 학생에 대한 학교폭력대책심의위원회(학폭위) 조치* 중 6호(출석정지), 7호(학급교체), 8호(전학)의 학생부 기록 보존 기간이 졸업 후 2년에서 4년으로 늘어나요.
    학폭위 조치는 1호부터 9호까지 있어요. 1호는 서면* 사과, 2호는 접촉·협박·보복 금지, 3호는 학교 봉사, 4호는 사회봉사, 5호는 특별교육 이수 또는 심리치료, 9호는 퇴학이에요. 6~8호는 심각하거나 지속적이고 고의성*이 짙은 중대한 학교폭력이라고 판단될 때 내려져요. 초·중학교는 의무교육 과정이어서 퇴학 처분을 내릴 수 없기 때문에 가장 중대한 학교폭력을 저지른 학생에게는 8호 조치를 내려요.
    학교폭력 가해 기록 보존기간이 4년으로 연장되면 고등학교 졸업 후 삼수, 사수를 하

더라도 학폭위 처분*이 기록된 학생부로 대입을 치러야 하기 때문에 대학 진학에 영향을 줘요. 또 대학에 진학하더라도 2년제 전문대학 등에 진학해 4년 안에 졸업하는 경우에는 학교폭력 기록이 남은 학생부로 취업을 해야 하기 때문에 취업에도 영향을 줄 수 있어요.

학생부 보존기간은 2012년 최대 10년에서 꾸준히 단축*되다가 최근 학폭 사건으로 인한 사회적 파장이 커지면서 다시 기간을 늘리는 쪽으로 바뀌고 있어요.

어휘풀이
- **가해** 신체적, 정신적, 물질적으로 남에게 해를 입힘
- **조치** 어떤 문제나 사태를 처리하기 위해 필요한 대책을 세움
- **서면** 일정한 내용을 글로 적은 것
- **고의성** 어떠한 행동이나 말을 결과를 알면서 일부러 하는 성질
- **처분** 행정·사법 관청이 특정한 사건에 대하여 관련 법규를 적용하여 처리하는 행위
- **단축** 시간이나 거리가 줄어듦

생각해보기

· 학교폭력 가해 기록 보존 기간이 연장되면 학교폭력이 줄어들까요?

· 학교폭력을 줄일 수 있는 방법에는 어떤 것이 있을까요?

시사상식

학교생활기록부

초등학교, 중학교, 고등학교 학생의 학교생활 모습과 발달 상황을 기록하여 보존하는 문서예요. 인적 사항(이름, 성별, 주소 등), 학적사항(입학, 전학, 졸업 등), 출결 상황(결석, 지각, 조퇴 등), 자격증 취득 상황, 교과 학습 발달 상황, 수상 경력, 행동 특성 및 종합의견 등이 기록돼요. 학교생활기록부는 선생님들이 교수학습 지도 자료로 활용할 뿐 아니라 상급학교의 진학, 취업 등의 자료로도 쓰여요.

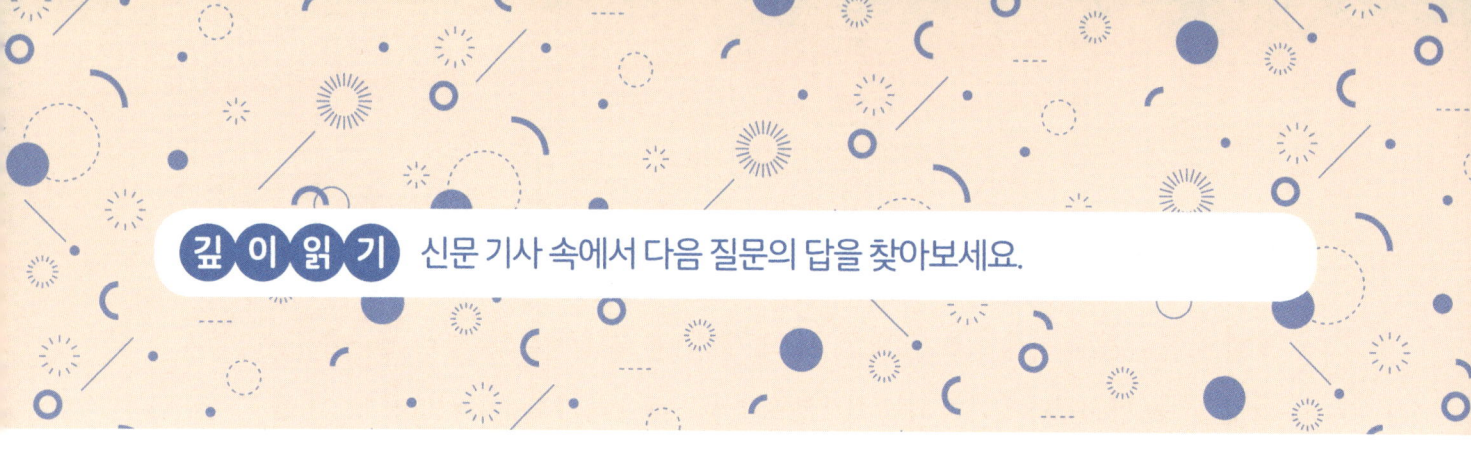

깊이읽기 신문 기사 속에서 다음 질문의 답을 찾아보세요.

1. 다음 ☐ 안에 알맞은 말을 쓰세요.

   ① 올해부터 중대한 학교폭력 가해 기록은 학생부에 ☐년 동안 남게 되었어요.

   ② 학교폭력 가해 기록이 오래 남는 것은 진학이나 ☐☐에 영향을 미쳐요.

2. 맞는 내용에는 O표, 틀린 내용에는 X표 하세요.

   ① 중대한 학교폭력 기록 보존 기간이 전에는 졸업 후 2년이었어요. (   )

   ② 학폭위 조치는 1호부터 10호까지 있어요. (   )

   ③ 학교폭력 기록 보존 기간은 2012년부터 점점 늘어나고 있어요. (   )

3. 중대한 학교폭력에 대한 조치가 아닌 것은 무엇인가요?

   ① 5호(특별교육 이수 또는 심리치료)   ② 6호(출석정지)

   ③ 7호(학급교체)   ④ 8호(전학)

4. 초·중학교 학교폭력 가해 학생에게 퇴학 처분을 내릴 수 없는 이유는 무엇인가요?

① 신체적 성장이 덜 되었다고 판단해서

② 정신적 성숙이 덜 되었다고 판단해서

③ 나이가 어려서

④ 초·중학교는 의무교육 과정이어서

5. ☐ 안에 알맞은 말을 넣어 기사 내용을 간추려 보세요.

교육부는 올해부터 중대한 ☐☐☐☐ 가해 기록을 4년 동안 ☐☐생활기록부에 남긴다고 발표했어요. 이에 따라 학교폭력대책심의위원회(☐☐☐) 조치 중 6호, 7호, 8호의 처분을 받은 가해 학생의 학생부에는 4년 동안 기록이 남게 되고, 이는 진학이나 취업 등에도 영향을 주게 돼요.

가정집 지붕 뚫은 우주쓰레기

2024년 6월

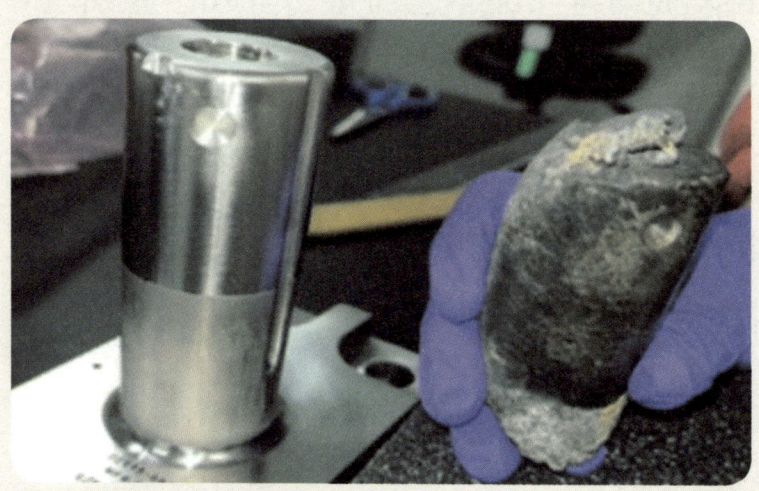

미국 가정집에 떨어진 우주쓰레기 [사진=NASA]

갑자기 하늘에서 떨어진 우주쓰레기에 자신이 집이 파손되자 집주인이 미국의 항공우주국(NASA)을 상대로 손해배상 소송을 제기했어요.

영국 일간지 가디언에 따르면 미국 플로리다주 네이플스에 사는 알레한드르 오테로와 그의 가족은 미국항공우주국을 상대로 8만 달러(약 1억 1,000만 원)의 소송을 냈어요. 오테로의 법률 대리인인 미국의 로펌 크랜필 섬너에 따르면 지난 3월 8일 오테로의 집에 우주쓰레기가 떨어져 그 집 지붕과 2층 바닥에 구멍이 뚫렸어요.

나사는 케네디우주센터에서 이 물체를 수거해 분석한 결과 2021년 국제우주정거장(ISS)의 배터리를 교체할 때 비행 지원 장비에서 떨어져 나온 것이라고 확인했어요. 이 금속 실린더의 크기는 가로 10cm, 세로 4cm에 무게는 726g이었어요.

당시 오테로의 집에서 다친 사람은 없었지만 집에 있던 아들이 낙하물에 맞을 뻔했다고 해요. 오테로는 우주쓰레기의 추락으로 자신의 재산이 손해를 입었고 사업에 차질이 생겼으며 정신적 고통을 입었다며 나사에 손해를 배상해달라고 요구한 거예요.

오테로의 변호사 미타 응우옌 워디는 '아무도 다치지 않아 감사하지만, 이런 아슬아슬한 상황은 재앙이 될 수도 있었다'며 '이번 소송을 통해 우주쓰레기로 인한 피해 보상의 선례를 만들려고 한다'고 했어요.

유럽우주국(ESA)에 따르면 현재 지구 궤도에는 폭이 13cm 이상인 우주쓰레기만도 약 3만 6천500개나 있다고 해요. 이번처럼 지구 대기권으로 돌아오는 우주쓰레기는 공포의 대상이 될 수 있어요.

어휘풀이
- **파손** 물건을 깨뜨려 못 쓰게 만듦
- **소송** 법률상의 판결을 법원에 요구함
- **로펌** law firm. 다섯 명 이상의 변호사들이 전문 분야별로 법률 서비스를 제공하는 법률 사무소
- **낙하물** 높은 데서 낮은 데로 떨어진 물건
- **선례** 이전에 있던 사례
- **대기권** 지구를 둘러싸고 있는 대기의 층

생각해보기

- 미국항공우주국(NASA)은 오테로에게 손해배상을 해야 할까요?

- 우주에 버려지는 각종 우주쓰레기에 대해 어떻게 생각하나요?

시사상식

우주쓰레기

우주에 떠다니는, 활용되지 않는 모든 인공 물체를 말해요. 수명이 다 되거나 사고 또는 고장으로 기능이 정지된 인공위성, 위성 발사에 사용된 로켓 본체와 그 부품, 로켓이 분리될 때 충돌로 생긴 작은 파편, 우주 비행사가 떨어트린 공구와 부품도 모두 우주쓰레기예요. 점점 늘어나는 우주쓰레기 문제를 해결하기 위해 NASA를 비롯한 여러 우주 관련 기구에서 우주쓰레기 발생을 줄이거나 제거 및 수거하는 방법을 연구하고 있어요.

깊이 읽기 신문 기사 속에서 다음 질문의 답을 찾아보세요.

1. 다음 ☐ 안에 알맞은 말을 쓰세요.

   ① 하늘에서 떨어진 ☐☐☐☐☐에 한 미국인의 집이 파손된 일이 있었어요.

   ② 그 미국인은 미국의 ☐☐☐☐☐(NASA)을 상대로 소송을 제기했어요.

2. 맞는 내용에는 O표, 틀린 내용에는 X표 하세요.

   ① 알레한드르 오테로는 3월 8일에 소송을 냈어요. (   )

   ② 우주쓰레기가 떨어진 오테로의 집 지붕과 2층 바닥에 구멍이 뚫렸어요. (   )

   ③ 오테로의 집에 떨어진 물체의 무게는 10kg이었어요. (   )

3. 오테로가 우주쓰레기로 인해 입은 피해가 아닌 것을 고르세요.

   ① 재산 손해   ② 신체적 부상   ③ 사업에 차질   ④ 정신적 고통

4. 우주쓰레기가 어디로 돌아올 때 우리에게 공포의 대상이 될 수 있나요?

① 케네디우주센터　　② 유럽우주국

③ 지구 궤도　　　　　④ 지구 대기권

5. ☐ 안에 알맞은 말을 넣어 기사 내용을 간추려 보세요.

> 한 미국인 가정이 미국항공우주국(NASA)을 상대로 ☐☐을 냈어요. 그의 집 지붕에 떨어진 물체가 나사(NASA)에서 만든 국제우주☐☐☐(ISS)과 관련된 우주쓰레기였다는 사실이 밝혀졌기 때문이에요. 그의 변호사는 이 소송을 통해 앞으로 우주쓰레기로 인한 피해 보상의 ☐☐를 만들려고 한다고 했어요.

사회

어린이 장화에서 발암물질이

2024년 7월

1	SHEIN	아동용 섬유제품	장화	• 프탈레이트계 가소제 (DEHP, DBP) 기준치 482.9배 초과(연질 투명 부위), 682.4배 초과(리본 연질 부위), 44.5배 초과(테두리 연질 부위) • 기준치 : 총 합 0.1 % 이하 (DEHP+DBP+BBP+DINP+DIDP+DnOP+DIBP)
2	Ali Express	아동용 섬유제품	모자	• 원단(파란색) pH 9.4, 내부 원단(회색) pH 9.2 pH 기준 부적합 • 기준치 : pH 4.0 ~ 7.5

해외직구 유해 물질 [자료=서울시청 홈페이지]

  해외 직구 플랫폼에서 판매 중인 어린이용 제품에서 많은 양의 유해 물질이 나왔어요.

  서울시가 해외 온라인 플랫폼 제품 안전성을 검사한 결과 어린이용 장화, 가방, 점퍼 등 12개 제품 중 6개 제품에서 국내 기준치를 초과하는 유해 물질이 검출됐다고 밝혔어요. 이번 검사 대상은 쉬인, 테무, 알리익스프레스에서 판매 중인 아동용, 유아용 섬유 제품 12개였어요.

  어린이용 장화에서는 프탈레이트계 가소제 2종이 검출됐는데 장화의 리본 부위는 기준치 대비 680배가 넘었어요. 프탈레이트 가소제는 내분비계 장애 물질로 정자 수 감소, 불임 등 생식 기능에 영향을 미치고 접촉했을 때 눈이나 피부 등에 자극을 일으킬 수 있어요.

  어린이용 가방에서는 프탈레이트계 가소제뿐 아니라 가방 안감에서 폼알데하이드가 기준치의 2배가 넘게 나왔어요. 폼알데하이드는 새집증후군을 일으키는 주요 오염물질로, 백혈병이나 암을 일으키고 호흡 곤란이나 두통 등을 유발할 수 있어요.

또 어린이용 점퍼에서는 카드뮴이 기준치의 11배까지 검출되었어요. 카드뮴 또한 발암물질로, 지속적으로 노출되면 신장과 뼈에 이상이 생길 수 있어요.

해외 직구는 물건값이 싸고 이용도 편리해서 최근 이용자가 급격히 늘어났어요. 그러나 시민의 건강과 안전을 위협하는 제품들도 들어오고 있어요. 서울시는 2024년 4월부터 국내 소비자 구매가 많은 제품들을 선정해서 매주 안전성 검사를 실시하고 있어요. 검사 결과는 서울시 또는 서울시전자상거래센터 홈페이지에서 확인할 수 있어요.

어휘풀이
- **플랫폼** 사람, 기업 또는 서비스를 주고받을 수 있는 기반 구조. 온라인 상점, 소셜미디어 등
- **유해** 해로움이 있음
- **기준치** 어떤 상태를 판단하여 결정할 만한 잣대가 되는 수나 값
- **초과** 일정한 한도를 넘음
- **가소제** 성형이나 가공을 쉽게 하려고 플라스틱이나 합성 고무에 보태는 물질
- **내분비계** 신체의 중요한 역할을 하는 호르몬을 생산, 분비하는 선과 조직들의 모임
- **새집증후군** 새로 지은 집 안의 화학 물질 때문에 두통, 알레르기, 코 막힘 따위가 유발되는 현상

생각해보기

- 해외 직구에 대해 어떻게 생각하나요?

- 안전하고 질 좋은 물건을 사려면 어떻게 해야 할까요?

시사상식

해외 직구

'해외 직접 구매'의 줄임말로 '직구'라고도 해요. 소비자가 해외 업체로부터 온라인 업체 등을 통해 필요한 물건을 직접 구매하는 방식이에요. 전 세계적으로 인터넷 통신망과 운송 수단이 발달하면서 2010년대 이후로 빠르게 늘어나고 있어요. 해외 직구 제품은 중간 유통 과정을 크게 줄여 물건 값이 저렴하다는 장점이 있지만 전자제품의 경우 애프터서비스를 받을 수 없고, 국내 안전 기준에 못 미치는 제품들도 많다는 단점도 있어요.

깊이 읽기 신문 기사 속에서 다음 질문의 답을 찾아보세요.

1. 다음 ☐ 안에 알맞은 말을 쓰세요.

① 해외 ☐☐ 플랫폼에서 판매 중인 제품에서 많은 양의 유해 물질이 나왔어요.

② 해외 온라인 플랫폼 제품을 대상으로 ☐☐☐ 검사를 했어요.

2. 맞는 내용에는 ○표, 틀린 내용에는 X표 하세요.

① 이번에 안전성 검사 대상은 장화, 모자, 가방 등 어린이용 제품이었어요. (　)

② 프탈레이트 가소제는 새집증후군을 일으키는 오염물질이에요. (　)

③ 카드뮴에 지속적으로 노출되면 신장과 뼈에 이상이 생길 수 있어요. (　)

3. 다음 중 기사 속에 나온 해외 직구 플랫폼이 아닌 것을 고르세요.

① 쉬인　② 테무　③ 알리익스프레스　④ 쿠팡

4. 이 기사 속에 나온 유해 물질이 아닌 것은 무엇인가요?

① 염화칼슘　　　　② 프탈레이트계 가소제

③ 폼알데하이드　　④ 카드뮴

5. ☐ 안에 알맞은 말을 넣어 기사 내용을 간추려 보세요.

> 해외 직구 플랫폼 제품 안전성 검사 결과 여러 가지 어린이용 제품에서 ☐☐ 물질이 검출되었어요. 서울시의 발표에 따르면 어린이용 ☐☐, 가방, 점퍼 등에서 프탈레이트계 가소제, 폼알데하이드, 카드뮴 등의 유해 물질이 ☐☐☐보다 많이 나왔어요. 이 물질들은 생식 기능 이상, 백혈병, 암, 신장과 뼈의 이상을 유발할 수 있어요.

사회

제로 슈거 음료 마시고 배탈 날 수도 있어요

2024년 7월

설탕 [사진=픽사베이]

제로 콜라, 제로 사이다, 제로 아이스크림, 제로 쿠키. 요즘 사람들이 많이 찾는 제로 식품들이에요. '제로(zero)'는 숫자 0을 의미해, '제로 칼로리'는 칼로리가 없다는 뜻, '제로 슈거'는 설탕이 들어가지 않았다는 뜻이에요. 다이어트나 혈당 관리 등을 원하는 사람들이 제로 식품을 많이 찾고 있어요.

그중에서 제로 슈거(무설탕) 식품은 설탕 대신 스테비아나 아스파탐 같은 대체 당류가 들어가요. 대체당은 설탕보다 단맛은 강하지만 칼로리가 낮고, 혈당 관리에도 도움이 되는 것으로 알려졌어요.

최근 인터넷 커뮤니티 등에는 국내 카페 체인점에서 '제로' 제품을 마신 뒤 복통과 설사가 발생했다는 내용이 올라왔어요. 제로 아이스크림을 먹고 배탈이 났다는 사람도 있었어요. 설탕 대신 들어가는 알룰로스, 에리스리톨, 말티톨 같은 인공감미료들은 체내에서 장운동을 증가시켜 과다 섭취했을 경우 설사, 복통 등의 부작용이 나타날 수 있어요.

또 대체당을 지나치게 많이 섭취하면 단맛에 익숙해져 장기적으로는 체중이 증가할 수도 있고, 두통, 현기증, 인지 기능 저하 등의 발생 위험을 높인다는 연구 결과들도 있어요.

따라서 대체당이 들어간 식품을 섭취할 때는 권장량을 지키는 것이 중요해요. 식품의약품안전처에서는 지난 24일 제로 슈거 제품에 대해 소비자 정보 제공을 강화하라는 내용의 '식품 등의 표시기준'을 개정하여 고시했어요. 현재는 당류 함량이 100ml당 0.5g 미만인 경우 '제로 슈거' 또는 '무당'이라고 표시할 수 있지만, 2026년부터는 '제로 슈거'나 '무당' 주위에 감미료를 함유했다는 내용과 열량 정보를 함께 표시해야 해요.

어휘풀이

- **칼로리** 식품의 영양가나 열량의 정도를 이르는 말
- **혈당** 핏속에 포함되어 있는 포도당
- **당류** 물에 잘 녹으며 단맛이 있는 탄수화물. 포도당, 과당, 맥아당, 전분 등이 있음
- **커뮤니티** 일정한 지역이나 공간에서 공동체 의식을 가지고 생활하는 사회 조직체
  *인터넷 커뮤니티: 공통의 관심사나 환경을 가진 사람들이 소통하는 웹사이트
- **인공감미료** 식품 첨가물로 사용이 인정된, 단맛을 내는 데 쓰이는 화학 합성 감미료
- **과다** 정도보다 지나치게 많음

생각해보기

· '제로' 제품을 먹거나 마셔본 적 있나요?

· '제로' 제품을 선택할 때 주의할 점은 무엇인가요?

시사상식

칼로리(calorie)

음식물의 영양을 측정할 때 널리 사용되는 에너지의 단위로 보통 kcal로 표기해요. 북한, 중국, 유럽에서는 식품의 영양성분을 표기할 때 칼로리가 아니라 줄(J) 단위를 사용해요. 우리가 생명을 유지하고 생활하기 위해서는 에너지가 꼭 필요해요. 사람마다 신체 조건, 활동량, 건강 상태에 따라 달라지지만 성인 여성의 하루 권장 칼로리는 1,800~2,000kcal, 남성은 약 2,500~2,700kcal이에요.

깊이 읽기 신문 기사 속에서 다음 질문의 답을 찾아보세요.

1. 다음 ☐ 안에 알맞은 말을 쓰세요.

① ☐☐ 슈거는 설탕이 들어가지 않았다는 뜻이에요.

② 설탕을 대신해 단맛을 내지만 칼로리는 낮은 성분을 ☐☐☐이라고 해요.

2. 맞는 내용에는 ○표, 틀린 내용에는 ✕표 하세요.

① 제로 슈거 식품은 다이어트나 혈당 관리 등을 원하는 사람들이 많이 찾아요. ( )

② 대체당은 복통을 가라앉히는 효과도 있어요. ( )

③ 식품의약품안전처는 2026년부터 제품에 '제로 슈거'라는 표시를 못 하도록 했어요. ( )

3. 제로 식품으로 판매되고 있는 것이 아닌 것은 무엇인가요?

① 떡볶이　② 콜라　③ 아이스크림　④ 쿠키

4. 대체당이 아닌 것은 무엇인가요?

① 스테비아　② 알룰로스　③ 설탕　④ 에리스리톨

5. ☐ 안에 알맞은 말을 넣어 기사 내용을 간추려 보세요.

> 칼로리나 설탕이 없는 제로 식품이 ☐☐☐☐나 혈당 관리를 원하는 사람들에게 인기예요. 제로 슈거 식품에 ☐☐ 대신 들어가는 대체당은 칼로리가 낮은 대신 과다 섭취하면 설사, 복통 등 부작용이 나타날 수 있어요. 따라서 제로 식품을 섭취할 때는 ☐☐☐을 지켜야 해요.

종합 독해력 문제 5

1. 다음 낱말들의 뜻을 찾아 줄로 이어주세요

① 비하 ·
② 서면 ·
③ 유해 ·
④ 과다 ·

· ㉠ 해로움이 있음
· ㉡ 일정한 내용을 글로 적은 것
· ㉢ 남을 업신여기어 낮춤
· ㉣ 정도보다 지나치게 많음

2. 다음 설명에 알맞은 낱말을 보기에 나오는 글자들로 만들어 보세요.

보기
거 암 구 제 슈 독 로 발

① 특정 사이트나 앱의 채널을 저장하는 것: ☐☐
② 설탕이 들어가지 않았음: ☐☐ ☐☐
③ 암이 생김, 또는 암이 생기게 함: ☐☐

3. 밑줄 친 '그 말들'이 가리키는 것을 찾아 밑줄을 그어 보세요.

> 경상도의 한 지역을 홍보하는 이 영상에는 그 지역에 대한 부정적인 말들이 들어있었어요. 그 말들이 지역 비하 발언이라는 논란에 휩싸이자, 채널 운영자들은 사과했어요.

4. 다음 글 내용에 대한 설명 중 틀린 것을 고르세요.

> 어린이용 장화에서는 프탈레이트계 가소제 2종이 검출됐는데 장화의 리본 부위는 기준치 대비 680배가 넘었어요. 프탈레이트 가소제는 내분비계 장애를 일으키는 유해 물질로 정자 수 감소, 불임 등 생식 기능에 영향을 미치고 접촉했을 때 눈이나 피부 등에 자극을 일으킬 수 있어요.

① 어린이용 장화에서 유해 물질이 검출되었어요.
② 장화의 리본 부위에서는 유해 물질이 더 많이 검출되었어요.
③ 어린이용 장화에서 프탈레이트계 가소제 680종이 검출되었어요.
④ 프탈레이트계 가소제는 내분비계 장애를 일으키는 물질이에요.

5. 빈칸에 알맞은 말을 고르세요.

> 당시 오테로의 집에서 다친 사람은 없었지만 집에 있던 아들이 (　　)에 맞을 뻔했어요.

① 우주선　　② 운석　　③ 수화물　　④ 낙하물

글쓰기 5 – 인물을 소개하는 기사문 쓰기

내가 잘 아는 사람을 소개하는 글을 기사문 형식으로 써 보세요.

✎ 개요 짜기

기사문을 쓰기 전에 어떤 내용을 어떤 순서로 쓸지 아래 표 안에 간단히 적어 보세요.

제목			
전문	누가(소개할 사람) :　　　　　언제(나이 또는 학년) : 어디서(사는 곳 또는 활동하는 곳) : 무엇을(주로 하는 일, 잘하는 일) :		
본문	1문단	왜 (소개하는 이유)	
	2문단	어떻게 (특징, 잘하는 일)	
	3문단	어떻게 (특징, 잘하는 일)	

✎ 기사문 쓰기

위 개요표의 내용을 바탕으로 인물을 소개하는 기사문을 완성해 보세요. 그 사람을 모르는 사람이 읽어도 잘 알 수 있도록 특징(외모, 습관, 직업 등)과 잘하는 일 등을 구체적으로 써 주세요.

제목	
전문	
본문	

Week 6

- **26 경제** | 다이내믹 프라이싱
- **27 문화** | 일본 사도광산 유네스코 세계유산 등재
- **28 국제** | 이스라엘-팔레스타인 전쟁
- **29 과학** | 딥페이크 기술 어디까지 왔나
- **30 국제** | 파리로 간 아프가니스탄 여성들

다이내믹 프라이싱

2024년 9월

오아시스 콘서트 티켓 구매 창 [자료=티켓마스터UK 홈페이지]

 얼마 전 영국의 전설적인 록밴드 오아시스가 해체한 지 15년 만에 재결합을 발표했어요. 곧이어 그들은 내년에 영국과 아일랜드에서 공연하는 콘서트 티켓 판매를 시작했는데, 그 티켓 가격 때문에 팬들의 불만이 쏟아져 나왔어요.

 해체했던 오아시스가 재결합하고 콘서트까지 연다는 소식에 팬들은 열광했어요. 예매 사이트가 열리자, 수백만 명의 팬들이 한꺼번에 몰렸어요. 엄청난 대기 순서를 기다린 끝에 예매 창에 들어간 팬들은 너무 놀랐어요. 처음에 150파운드(약 26만 원)였던 표 가 355파운드(약 62만 원)까지 올라가 있었기 때문이에요.

 같은 좌석의 티켓값이 이처럼 순식간에 치솟은 것은 다이내믹 프라이싱 전략 때문이에요. 이번에 오아시스 콘서트 티켓을 판매한 '티켓마스터'가 다이내믹 프라이싱을 도입한 거예요. 다이내믹 프라이싱(dynamic pricing)은 수요와 공급에 따라 가격이 변동하는 판매 방식으로, 우리나라에서는 탄력 가격제, 가격 변동제 등으로 불러요. 한꺼번에 많은 사람들이 오아시스 공연 티켓 판매 사이트에 접속하자 수요가 늘어나 티켓 가격이 치솟은 거예요.

이 용어가 생기기 전에도 영화관에서 관객들이 많이 찾지 않는 아침 시간에 영화표 값을 저렴하게 판매하는 조조할인이나 생선요리 전문점에서 정해진 가격(정가)이 아니라 그때그때 달라지는 가격(시가)로 판매하는 것을 볼 수 있었어요. 이처럼 다이내믹 프라이싱은 수요과 공급 상황, 경쟁사의 가격 등을 고려해 물건이나 서비스의 가격을 수시로 바꿔요. 여름 휴가철에 비행기표 값이나 호텔 숙박비가 올랐다가 비수기가 되면 내리는 것도 여기에 해당돼요. 그것을 원하는 사람들이 많아질수록 가격이 올랐다가, 반대로 수요가 줄면 본래 가격보다 낮아지기도 해요.

어휘풀이
- **해체** 단체나 조직 등을 흩어지게 하거나 없어지게 함
- **재결합** 사람이나 사물이 헤어지거나 분리되었다가 다시 뭉치거나 합침
- **파운드** 영국의 화폐 단위. 1파운드는 100펜스 · **수요** 어떤 재화를 일정한 가격으로 사려고 하는 욕구
- **공급** 교환 또는 판매를 목적으로 시장에 상품을 내놓음
- **비수기** 상품이나 서비스의 수요가 많지 않은 시기

생각해보기

· 사려고 했던 물건값이 갑자기 치솟는 것을 경험한 적이 있나요?

· 소비자 입장에서 다이내믹 프라이싱이 유리할 때는 어떤 경우인가요?

시사상식

오아시스(Oasis)

오아시스는 1991년 영국에서 결성된 밴드예요. 〈Don't look back in anger〉, 〈Wonderwall〉 등 수많은 히트곡을 발표하며 전 세계적으로 인기를 얻은 밴드예요. 1990년대 젊은이들의 감성을 자극했던 이 밴드의 핵심 멤버는 노엘 갤러거와 리암 갤러거 형제예요. 다툼이 잦았던 두 형제의 갈등 끝에 2009년에 밴드가 해체되었어요. 15년 만에 재결합한 이들은 2025년 7, 8월에 영국과 아일랜드에서 유럽 투어 콘서트를 선보인다고 해요.

깊이읽기 신문 기사 속에서 다음 질문의 답을 찾아보세요.

1. 다음 ☐ 안에 알맞은 말을 쓰세요.

   ① 얼마 전 영국의 ☐☐☐ 오아시스가 15년 만에 재결합을 발표했어요.

   ② 관객이 적은 아침 시간에 영화표 값을 저렴하게 파는 것을 ☐☐☐☐ 이라고 해요.

2. 맞는 내용에는 O표, 틀린 내용에는 X표 하세요.

   ① 팬들은 오아시스 재결합에 불만이 많았어요. (　)

   ② 오아시스 공연 티켓 값은 같은 자리인데도 순식간에 치솟았어요. (　)

   ③ 여름 휴가철에는 비행기표 값이나 호텔 숙박비가 올라요. (　)

3. 수요과 공급에 따라 가격이 변동하는 것을 가리키는 말이 아닌 것은 무엇인가요?

   ① 탄력 가격제　　　② 가격 변동제
   ③ 다이내믹 프라이싱　④ 조조할인

4. 다이내믹 프라이싱의 예로 기사에 나오지 않은 것은 무엇인가요?

① 콘서트 티켓　② 영화표　③ 화장품　④ 호텔 숙박비

5. ☐ 안에 알맞은 말을 넣어 기사 내용을 간추려 보세요.

> 15년 만에 재결합 소식을 발표한 록밴드 ☐☐☐☐가 콘서트 티켓 판매를 시작했어요. 그런데 같은 좌석의 ☐☐ 값이 순식간에 치솟아 많은 팬의 불만이 쏟아졌어요. 이것은 티켓을 사려는 사람이 몰리면 가격이 오르는 ☐☐☐☐ 프라이싱 방식을 적용했기 때문이에요.

일본 사도광산 유네스코 세계유산 등재

2024년 7월

사도광산 부유선 광장 [사진=유네스코 한국위원회 홈페이지]

일본 사도광산이 유네스코(UNESCO) 세계유산 목록에 올라갔어요. 일제강점기에 조선인들이 강제로 끌려가 일했던 사도광산은 우리에게는 가슴 아픈 역사의 현장이에요.

2024년 7월 27일 열린 세계유산위원회에서 일본 니가타현의 '사도광산'을 포함한 24건이 새로 유네스코 세계유산으로 등재되었어요. 세계문화유산에 등재되려면 21개의 모든 유네스코 회원국이 만장일치로 동의해야 해요. 그동안 우리 정부는 일본 측이 사도광산의 강제노동을 동원한 온전한 역사를 보여주지 않고 에도시대(1603~1867)만 등재를 추진하고 있다는 이유로 찬성을 보류해 왔어요. 그러나 이번에 우리 정부가 찬성하면서 사도광산은 세계인들에게 명소로 주목받게 되었어요.

에도시대부터 태평양전쟁 시기까지 수공업 방식으로 금과 철, 구리를 생산해 온 사도광산은 일제강점기에 약 1천 500명의 조선인이 강제로 끌려가 혹독한 노역에 시달리던 현장이에요. 강제로 끌려가 전쟁에 필요한 광물을 캐느라 혹사당하다가 일본어를 몰라 '폭파'를 알아듣지 못해 죽은 사람도 많았고, 진폐증을 앓다가 죽은 사람도 많았어요.

한국 정부는 이러한 역사 전체를 반영하고, 조선인 강제 노역 관련 전시물도 설치하겠다는 약속을 받고 등재에 동의한 것으로 알려졌어요.

하지만 2015년 7월 일본의 군함도가 유네스코 세계유산 목록에 이름을 올릴 때도 일본 정부는 조선인, 중국인 등을 강제 동원했던 사실을 분명히 기록하고 희생자를 기리는 시설을 만들겠다고 약속했지만, 현재까지 그 약속을 지키지 않고 있어요.

어휘풀이
- **광산** 유용한 광물을 캐내는 곳
- **만장일치** 회장에 모인 모든 사람의 의견이 완전히 일치함
- **보류** 일이나 안건 따위의 처리를 나중으로 미룸
- **명소** 이름이 널리 알려진 경치나 유적
- **노역** 몹시 괴롭고 힘든 일
- **혹사** 심하게 몰아서 일을 시킴

생각해보기

- 내가 알고 있는 유네스코 세계유산에는 어떤 것이 있나요?

- 사도광산과 관련해 일본이 한 약속을 지키게 하려면 어떻게 해야 할까요?

시사상식

태평양 전쟁

1941년 일본이 하와이의 진주만과 필리핀에 있는 미국의 군사시설을 공격하면서 시작된 전쟁이에요. 일본이 동아시아에 있는 유럽의 식민지들을 강탈하여 태평양의 지배 세력이 되기 위해서 일으킨 전쟁이었어요. 초반에는 일본이 기선을 잡았으나 미드웨이 해전 이후 미국 쪽으로 전세가 기울었어요. 1945년 8월 미국이 일본 히로시마와 나가사키에 원자폭탄을 투하하자 일본 왕이 무조건 항복을 하면서 전쟁이 끝났어요.

깊이읽기 신문 기사 속에서 다음 질문의 답을 찾아보세요.

1. 다음 ☐ 안에 알맞은 말을 쓰세요.

① 일본 사도광산이 ☐☐☐☐ 세계유산 목록에 올라갔어요.

② 사도광산은 일제강점기 조선인들이 강제로 끌려가 혹독한 ☐☐에 시달리던 현장이에요.

2. 맞는 내용에는 O표, 틀린 내용에는 X표 하세요.

① 유네스코 세계유산 등재에 우리나라의 의견은 반영되지 않아요. (   )

② 일제강점기 사도광산에서는 약 1천500 명의 조선인들이 혹사당했어요. (   )

③ 일본 정부는 조선인 강제 노역 관련 전시물도 설치하겠다고 약속했어요. (   )

3. 사도광산에 대한 설명으로 틀린 것은 무엇인가요?

① 1603년부터 사용　　② 수공업 방식을 사용

③ 일본인들만 근무　　④ 금, 철, 구리 생산

4. 사도광산과 마찬가지로 조선인이 강제 동원되었던 일본의 세계유산은 무엇인가요?

① 군함도　　　　　　② 히로시마 평화기념공원
③ 후지산　　　　　　④ 인화사

5. ☐ 안에 알맞은 말을 넣어 기사 내용을 간추려 보세요.

일본의 ☐☐☐☐이 유네스코 세계유산 목록에 등재되었어요. 우리 정부가 동의하면서 만장일치로 등재가 결정되었어요. ☐☐ 정부는 일제강점기 조선인들을 강제 동원한 역사 전체를 반영하고, 관련 ☐☐☐도 설치하겠다고 약속했어요.

이스라엘-팔레스타인 전쟁

2024년 10월

팔레스타인 가자지구 AI 이미지 [사진= 픽사베이]

10월 7일, 이스라엘과 팔레스타인이 전쟁을 시작한 지 1년이 되었어요.

지난 5일 서울에서는 이 전쟁이 1년 되는 날을 앞두고 이스라엘의 무차별 공격을 규탄*하는 집회가 열렸어요. 이날(현지시각) 로마, 런던, 함부르크, 케이프타운 등에서도 시위대가 모여 전쟁을 멈추라고 목소리를 높였어요.

2023년 10월 7일 팔레스타인 가자지구의 무장단체 하마스는 이스라엘 남부를 기습* 공격했어요. 곧바로 이스라엘의 보복* 공격이 시작되어 지금까지 전쟁이 계속되고 있어요. 팔레스타인 가자지구 보건부에 따르면 이 전쟁으로 팔레스타인의 가자지구에서는 4만 1,800명 이상이 죽고 9만 6,800명 이상이 다쳤어요. 뿐만 아니라 가자지구 거주자의 86%인 190만 명이 피란민*이 되었어요.

이스라엘과 팔레스타인의 전쟁은 팔레스타인 지역을 둘러싼 유대인과 아랍인 간 영토 분쟁에서 시작되었어요. 오랫동안 아랍인들이 차지해 온 팔레스타인 지역에 유대인들이 대거* 이주하면서 시작된 갈등이 1948년 팔레스타인 지역에 이스라엘 건국이 선포되면서 전쟁으로 번지기 시작했어요.

여러 차례의 전쟁 끝에 이스라엘이 팔레스타인 지역의 80%를 차지하고 팔레스타인 사람들이 많이 모여 살던 가자지구에 대한 봉쇄정책*을 지속하자 2023년 10월 팔레스타인의 무장단체 하마스가 이스라엘을 공격했어요. 이렇게 시작된 전쟁으로 많은 사람들이 숨진 것은 물론 이스라엘의 공격으로 가자지구는 거의 폐허가 되어 미국을 포함한 국제사회의 휴전 요청이 계속되고 있지만 전쟁은 멈출 기미를 보이지 않고 있어요.

어휘풀이

- **규탄** 잘못이나 죄상 따위를 들추어내어 엄격하게 따지고 비난함
- **기습** 몰래 움직여 갑자기 공격함
- **보복** 남에게 받은 해를 그만큼 되돌려 주는 일
- **피란민** 난리를 피해 다른 곳으로 떠나는 백성
- **대거** 한꺼번에 아주 많이
- **봉쇄정책** 정치, 군사, 경제 등의 목적으로, 어떤 나라나 지역을 굳게 막아서 드나들지 못하게 하는 정책

생각해보기

· 사람들이 다른 나라에서 벌어지는 전쟁을 멈추라는 집회를 하는 이유는 무엇일까요?

_____

· 전쟁이 계속되는 나라에 사는 어린이들의 삶은 어떨까요?

_____

시사상식

유대인(Judea人)

히브리어를 쓰고 유대교를 믿는 민족으로 '유태인'이라 쓰기도 해요. 기원전 2000년경 메소포타미아 지역에서 팔레스티나로 옮겨 거주하다가 로마 제국에 의해 예루살렘이 파괴된 후 세계 각지에 흩어져 살았어요. 1948년 옛 땅(팔레스티나. 지금의 팔레스타인)에 이스라엘 공화국을 세워 살고 있어요.

깊이 읽기 신문 기사 속에서 다음 질문의 답을 찾아보세요.

1. 다음 ☐ 안에 알맞은 말을 쓰세요.

① ☐☐☐☐과 팔레스타인이 전쟁을 시작한 지 1년이 되었어요.

② 세계 여러 곳에서 ☐☐을 멈추라는 집회가 열렸어요.

2. 맞는 내용에는 O표, 틀린 내용에는 X표 하세요.

① 2023년 10월, 이스라엘의 공격으로 전쟁이 시작되었어요. (　)

② 이 전쟁으로 4만1,800명 이상이 숨졌어요. (　)

③ 이스라엘과 팔레스타인은 오랫동안 갈등하던 관계예요. (　)

3. 이스라엘-팔레스타인 전쟁을 멈추라는 집회가 열린 곳이 아닌 것은 어디인가요?

① 서울　② 가자지구　③ 로마　④ 함부르크

공부한날   월   일   요일

4. 이스라엘을 공격한 팔레스타인의 무장단체 이름은 무엇인가요?

① 헤즈볼라   ② 하마스   ③ 후티   ④ 파타

5. ☐ 안에 알맞은 말을 넣어 기사 내용을 간추려 보세요.

이스라엘과 팔레스타인 전쟁이 ☐년 넘게 계속되고 있어요. 이 전쟁으로 많은 사람들이 죽거나 다치고 팔레스타인의 ☐☐☐☐는 거의 폐허가 되어, 국제사회에서는 ☐☐을 요청하고 있어요.

딥페이크 기술 어디까지 왔나

2024년 8월

딥페이크 기술로 복원한 독립운동가 이육사 [자료=〈처음 입는 광복〉 광고 캡처]

딥페이크(deepfake)는 딥러닝(deep learning)과 가짜(fake)의 합성어로 딥러닝 기술을 사용해 인간 이미지를 합성하는 기술을 가리켜요.

인공지능(AI)이 학습(딥러닝)한 한 사람의 얼굴을 다른 영상에 등장하는 인물의 얼굴에 입히는 기술을 말하지요. 요즘은 인공지능을 이용해 실존 인물의 사진이나 음성을 실제처럼 보이거나 들리도록 만든 모든 영상, 사진, 오디오를 가리키는 의미로 쓰여요.

딥페이크 기술은 2017년부터 본격적으로 등장하기 시작해 이제는 정교하고 실감 나는 영상이나 이미지가 필요한 여러 분야에 활용되고 있어요. 해외에서 드라마 방영을 앞두고 한 배우가 사회적 물의를 일으켜서 출연할 수 없게 된 적이 있었어요. 그 역할을 다른 배우로 교체하면서, 이미 찍어놓은 영상에는 해당 배우의 얼굴에 새 배우의 얼굴을 입혀 방영한 사례가 있어요.

또 이미 돌아가신 분의 모습을 딥페이크 기술로 되살리는 방식의 영상도 있어요. 독립운동가들이 고운 한복을 입고 환하게 웃는 얼굴을 담은 광복절 축하 공익 광고 캠페

인도 있었고, 이미 고인이 된 가수가 딥페이크로 복원°되어 그룹 동료들과 노래를 부르는 영상이 방송된 적도 있어요.

　이제는 딥페이크 기술이 보편화°되면서 누구든지 앱을 이용해 딥페이크 영상이나 사진을 만들기 쉬워졌어요. 그러면서 기술이 엉뚱한 데 악용°되기도 해요. 목소리를 똑같이 만들어 내 보이스피싱에 사용하거나 인기 연예인 또는 가까운 지인들의 얼굴을 알몸 사진이나 불법 영상물에 합성하는 범죄 사례도 점점 많아지고 있어요.

어휘풀이
- **정교** 아주 정밀하고 교묘함
- **물의** 여러 사람이 어떤 사람이나 단체에 대해 이러니저러니 하는 논의나 평판
- **공익** 사회 전체의 이익
- **복원** 사물을 원래의 상태로 되돌림
- **보편화** 널리 일반에게 퍼지게 됨
- **악용** 알맞지 않게 쓰거나 나쁘게 이용함

생각해보기

· 딥페이크 기술이 어떤 것인지 주변 사람에게 설명해 보세요.

· 딥페이크 기술이 쓰이면 좋은 분야와 절대 쓰이지 말아야 할 분야를 생각해 보세요.

시사상식

딥러닝(deep learning)

딥러닝은 인공지능 컴퓨터를 학습시키는 방법인 기계학습 중 하나예요. 인간 뇌의 신경망 구조를 모방해 만든 인공 신경망을 기반으로 대량의 정보를 처리하여 복잡한 패턴을 학습하는 기술이에요. 컴퓨터가 스스로 외부의 정보를 조합하고 분석하여 학습하는 기술이지요. 이 기술은 얼굴 인식 시스템, 의료 영상 분석, 자동차 번호판 인식 등에 사용되고 있어요.

깊이읽기 신문 기사 속에서 다음 질문의 답을 찾아보세요.

1. 다음 ☐ 안에 알맞은 말을 쓰세요.

   ① 딥페이크는 ☐☐☐ 기술을 사용해 인간 이미지를 합성하는 기술을 말해요.

   ② 딥페이크 기술은 정교하고 ☐☐ 나는 영상이나 이미지가 필요한 여러 분야에 활용되고 있어요.

2. 맞는 내용에는 O표, 틀린 내용에는 X표 하세요.

   ① 딥페이크는 딥러닝과 가짜(페이크)의 합성어예요. (   )

   ② 딥페이크 기술은 2007년에 본격적으로 등장했어요. (   )

   ③ 우리나라에서는 딥페이크 기술이 활용된 프로그램이 방송된 적도 있어요. (   )

3. 기사 속 딥페이크에 해당하지 않는 것은 무엇인가요?

   ① 실존 인물의 얼굴이 나오는 사진

   ② 실제 있는 장소를 찍은 풍경 사진

③ 실존 인물의 목소리와 똑같이 들리는 오디오

④ 실존 인물의 얼굴이 등장하는 영상

4. 딥페이크 범죄가 아닌 것은 무엇인가요?

① 보이스피싱　　　　　　② 불법 영상물에 연예인 얼굴 합성

③ 불법 영상물에 지인 얼굴 합성　④ 공익 광고 캠페인

5. ☐ 안에 알맞은 말을 넣어 기사 내용을 간추려 보세요.

딥페이크는 딥러닝과 가짜(페이크)의 합성어로, 딥러닝 기술을 사용해 ☐ ☐ 이미지를 합성하는 기술이에요. 딥페이크 기술이 보편화되면서 사진과 ☐☐, 오디오에 다양하게 활용되고 있지만 보이스피싱이나 불법 영상물 등 ☐☐에 악용되는 경우도 많아지고 있어요.

파리로 간 아프가니스탄 여성들

2024년 8월

아프가니스탄 여성 [사진=픽사베이]

올여름 프랑스 파리에서 열린 제33회 올림픽에 참가한 아프가니스탄의 여자 선수들이 아프가니스탄 여성들이 처한 현실을 보여주었어요.

2021년 아프가니스탄의 정권을 장악한 탈레반은 이슬람 율법을 내세워 여성의 사회적 활동을 제약했어요. 탈레반은 여성들의 공공장소 출입을 금지하고 여학생들이 중·고등학교에 다닐 수 없게 했어요. 또 여성들은 남성 보호자 없이는 72km 이상 이동할 수 없도록 해 이동의 자유를 침해했어요.

2021년 9월 아프가니스탄에서 탈출한 여자 육상선수 카미야 유소피는 호주 올림픽위원회의 도움을 받아 훈련을 했고, 국제올림픽위원회(IOC)는 그녀를 이번 파리올림픽의 아프가니스탄 대표 선수로 인정했어요. 하지만 여자 스포츠를 인정하지 않는 탈레반 정권은 파리올림픽에서 아프가니스탄을 대표하는 것은 남자선수 3명뿐이라고 했어요.

올림픽 신설 종목인 브레이킹에 출전한 마니자 탈라시도 아프가니스탄 여성이에요. 브레이크 댄서로 성장하던 그녀는 탈레반 집권 후 살해 위협까지 받고 파키스탄으로 탈출했어요. 스페인에 정착한 그녀는 올림픽 난민˚ 재단과 연결되어 난민 자격으로 올림픽에 출전하게 되었어요.

파리 패럴림픽(장애인 올림픽)에 참가해 태권도에서 동메달을 딴 자키아 쿠다다디도 아프가니스탄 난민 여자 선수예요. 쿠다다디는 프랑스태권도협회의 지원을 받아 훈련을 한 뒤 난민 선수단으로 출전했어요.

이들은 탈레반 치하˚에서 극심한 탄압을 받은 여성들이지만 그럼에도 불구하고 자신의 꿈을 이뤄나가는 용기를 보여주었어요.

어휘풀이
- **처한** 이르러 맞닥뜨리게 된
- **정권** 정부를 구성하여 나라를 경영할 수 있는 권력
- **장악** 손안에 쥔다는 뜻으로, 판세나 권력 따위를 완전히 휘어잡음을 비유적으로 이르는 말
- **제약** 조건을 붙여 내용을 제한함
- **난민** 인종이나 종교, 국적, 특정 사회적 신분, 정치적 견해 등을 이유로 박해를 받을 수 있다는 공포 때문에 자국으로 돌아갈 수 없거나 돌아가기를 원하지 않는 외국인
- **치하** 어떠한 통치자나 집단이 통치하는 아래

생각해보기

- 탈레반이 아프가니스탄 여성들의 사회적 활동을 제약하는 것에 대해 어떻게 생각하나요?

- 나라면 기사 속 선수들처럼 위험을 무릅쓰고 아프가니스탄에서 탈출했을까요?

시사상식

탈레반(Taleban)

탈레반은 1990년대 중반에 출현해 이슬람교 율법을 엄격하게 적용해서 아프가니스탄 전역을 장악하는 데 성공했어요. 2001년 9.11 사태 이후 미국의 공격을 받아 정권이 붕괴되었다가 2021년 미군이 철수하자 다시 아프가니스탄 전역을 장악했어요. 탈레반의 극단적인 이슬람 근본주의 정책으로 아프가니스탄은 국가경쟁력이 떨어지고 특히 여성 인권이 큰 위기에 놓였어요.

깊이 읽기 신문 기사 속에서 다음 질문의 답을 찾아보세요.

1. 다음 ☐ 안에 알맞은 말을 쓰세요.

① 올여름 제33회 올림픽이 프랑스 ☐☐에서 열렸어요.

② 2021년 9월 아프가니스탄에서 탈출한 카미야 유소피는 여자 ☐☐ 선수예요.

2. 맞는 내용에는 O표, 틀린 내용에는 X표 하세요.

① 탈레반은 아프가니스탄이 건국될 때부터 정권을 장악했어요. (　)

② 탈레반 정권은 여자 스포츠를 인정하지 않아요. (　)

③ 브레이킹 선수 마니자 탈라시는 스페인 여성이에요. (　)

3. 아프가니스탄 여성들이 탈레반 때문에 제약당하는 일이 아닌 것은 무엇인가요?

① 공공장소 출입 금지　② 혼자 하는 장거리 여행

③ 초등학교 입학　　　④ 올림픽 출전

4. 파리 패럴림픽에서 자키아 쿠다다디 선수가 동메달은 딴 종목은 무엇인가요?

① 태권도　② 육상　③ 브레이킹　④ 양궁

5. ☐ 안에 알맞은 말을 넣어 기사 내용을 간추려 보세요.

> 프랑스 파리에서 열린 제33회 올림픽에 ☐☐☐☐☐☐ 여자 선수들이 참가했어요. 이들은 ☐☐☐ 정권이 여성의 사회적 활동을 탄압해 아프가니스탄에서 탈출했어요. 다른 나라의 단체들로부터 지원을 받아 올림픽에 참가한 이들의 행동은 아프가니스탄 ☐☐들의 현실과 의지를 보여 주었어요.

종합 독해력 문제 6

1. 다음 중 같은 글로 묶을 수 없는 문장을 고르세요.

① 딥페이크 기술은 2017년부터 본격적으로 등장했어요.
② 영국의 록밴드 오아시스가 재결합을 발표했어요.
③ 오아시스의 재결합과 콘서트 소식에 팬들은 열광했어요.
④ 한꺼번에 많은 사람들이 콘서트 티켓 사이트에 접속했어요.

2. 다음 글을 읽고 빈칸에 알맞은 말을 글 속에서 찾아 써 보세요.

> ① 일본의 사도광산은 일제강점기에 조선인들이 강제로 끌려가 혹독한 노역에 시달리던 곳이에요.
> ② 유네스코 세계유산에 등재되는 곳은 세계인들에게 명소로 주목받아요.

우리가 ☐☐의 사도광산이 유네스코 세계유산이 된 것에 관심을 가져야 하는 이유는 그곳이 일제강점기 조선인들이 혹독한 강제 ☐☐에 시달리던 곳이라는 사실을 ☐☐☐들이 알아야 하기 때문이에요.

3. 다음 낱말 중 의미가 다른 하나를 고르세요.

① 가격정찰제 ② 다이내믹 프라이싱 ③ 가격변동제 ④ 탄력가격제

4. 다음 글 속에서 나머지 셋과 다른 나라에 해당하는 낱말을 고르세요.

> 2023년 10월 7일 ① 팔레스타인 ② 가자지구의 무장단체 ③ 하마스는 이스라엘 남부를 기습 공격했어요. 곧바로 ④ 이스라엘의 보복 공격이 시작되어 지금까지 전쟁이 계속되고 있어요.

5. 다음 글을 잘못 이해한 친구는 누구인가요?

> 2021년 아프가니스탄의 정권을 장악한 탈레반은 이슬람 율법을 내세워 여성의 사회적 활동을 제약했어요. 탈레반은 여성들의 공공장소 출입을 금지하고 여학생들이 중·고등학교에 다닐 수 없게 했어요. 또 여성들은 남성 보호자 없이는 72km 이상 이동할 수 없도록 해 이동의 자유를 침해했어요.

① 지우: 지금 아프가니스탄을 다스리는 세력은 탈레반이구나.
② 영민: 아프가니스탄 여성들의 사회적 활동이 어렵다니 안타깝다.
③ 화진: 여성들이 이동할 때 남성들이 보호해 주는 건 좋은 것 같아.
④ 수민: 아프가니스탄 여성들은 초등학교까지만 다니는 거잖아.

글쓰기 6 – 인터뷰 내용을 소개하는 기사문 쓰기

가족이나 친구를 인터뷰한 뒤 그 결과를 기사문으로 써 보세요.

✎ 개요 짜기

인터뷰 주제와 질문을 미리 정해 적어두세요. 인터뷰 주제는 '엄마의 어린 시절'이나 '친구의 요즘 관심사' 같이 상대가 대답하기 쉬운 것으로 정해요. 인터뷰하면서 상대의 답변과 그렇게 생각하는 이유도 적어두세요. 기사문을 쓰기 전에 어떤 내용을 어떤 순서로 쓸지 아래 표 안에 간단히 적어 보세요.

제목			
전문	누가(인터뷰 대상): 어디서(인터뷰한 곳):	언제(인터뷰한 날): 무엇을(인터뷰 주제):	
본문	1문단	질문1 답변/이유 (어떻게/왜)	
	2문단	질문2 답변/이유 (어떻게/왜)	
	3문단	질문3 답변/이유, 인터뷰 소감	

✍ 인터뷰 내용을 소개하는 기사문 쓰기

위 개요표의 내용을 바탕으로 기사문을 완성해 보세요.

제목	
전문	
본문	

정답

1. 헤이 구글, 비빔밥 레시피 알려줘

> **정답**
> 1.①검색 ②인도 2.①× ②× ③○ 3.② 4.④ 5.비빔밥, 구글, 드라마, 문화

2. 낙서 지운 경복궁 담

> **정답**
> 1.①낙서 ②손해배상 2.①× ②○ ③× 3.④ 4.② 5.경복궁, 복구비용, 국가유산

3. 나무젓가락 오래 사용하면 암에 걸린다고요?

> **정답**
> 1.①나무젓가락 ②아플라톡신 2.①× ②○ ③× 3.② 4.① 5.암, 곰팡이, 세척, 교체

4. 붉은털원숭이 복제 성공

> **정답**
> 1.①복제 ②중국 2.①○ ②× ③○ 3.③ 4.② 5.붉은털, 성체, 태반

5. 안녕, 푸바오!

> **정답**
> 1.①중국 ②무진동 2.①○ ②○ ③× 3.③ 4.② 5.판다, 푸바오, 위로, 후이바오

종합 독해력 문제 1

> **정답**
> 1.①전세기 ②토착민 ③체세포 2.비빔밥 3.④ 4.③ 5.복제

6. 다누리 1주년 기념 다큐멘터리 공개

정답
1. ①다큐멘터리 ②7 2. ①× ②○ ③○ 3. ④ 4. ③ 5. 항공우주, 궤도, 시련

7. 학교에 불쑥 찾아오시면 안 돼요

정답
1. ①사전 예약 ②안전한 2. ①× ②○ ③○ 3. ④ 4. ② 5. 교육청, 예약제, 승인, 교권

8. 사과값을 따라 물가가 올라요

정답
1. ①사과 ②이상 기후 2. ①○ ②○ ③× 3. ② 4. ③ 5. 애플리케이션, 물가, 정부

9. '떡볶이', '달고나'가 옥스퍼드 영어 사전에 올라간대요

정답
1. ①떡볶이 ②소셜미디어 2. ①× ②○ ③○ 3. ① 4. ② 5. 문화, 등재, 한국어

10. 나를 위로해주는 반려 돌

정답
1. ①반려 돌 ②미국 2. ①× ②○ ③○ 3. ④ 4. ③ 5. 유행, 평온, 이름

종합 독해력 문제 2

정답
1. ①-③, ②-④ 2. ③ 3. 애플리케이션 4. ② 5. 월스트리트저널(WSJ)

11. 벚꽃 없는 벚꽃 축제

정답
1. ①지자체 ②일정 2. ①○ ②○ ③× 3. ③ 4. ① 5. 축제, 3, 적산

12. 초등학생은 이제부터 SNS 가입 금지입니다

정답
1. ①플로리다 ②정신 2. ①○ ②○ ③× 3. ① 4. ② 5. SNS, 프랑스, 스마트폰

13. 토마토수프를 뒤집어쓴 고흐의 '해바라기'

정답
1. ①수프 ②환경 2. ①× ②× ③○ 3. ② 4. ③ 5. 내셔널, 석유, 훼손

14. 100살이 된 동요 '반달'

정답
1. ①100 ②윤극영 2. ①○ ②○ ③× 3. ④ 4. ③ 4. 반달, 일제, 동요

15. 그 주식, 나만 아직 못 산 거야?

정답
1. ①반도체 ②포모 2. ①× ②○ ③○ 3. ① 4. ④ 5. 주가, 불안, 오픈런

종합 독해력 문제3

정답
1. ② 2. ④ 3. ② 4. ① 5. ②

16. 문화재가 아니라 국가유산이에요

> **정답**
> 1. ①국가유산 ②일본 2. ①○ ②○ ③× 3. ② 4. ① 5. 유물, 제정, 돈, 자연물

17. 이 과자, 양이 좀 줄어든 것 같은데?

> **정답**
> 1. ①용량 ②과태료 2. ①× ②○ ③○ 3. ③ 4. ① 5. 공정거래, 슈링크, 소비자

18. 해를 품은 달? 달을 품은 해?

> **정답**
> 1. ①열광 ②지구 2. ①× ②○ ③○ 3. ② 4. ① 5. 개기일식, 태양, 연구원

19. 덴마크에서 리콜 조치된 핵불닭볶음면

> **정답**
> 1. ①덴마크 ②중독 2. ①× ②○ ③× 3. ④ 4. ② 5. 리콜, 캡사이신, 해제

20. 이젠 가성비보다 시성비

> **정답**
> 1. ①가성비 ②분초 사회 2. ①× ②○ ③○ 3. ③ 4. ② 5. 서비스, 시성비, 경험

종합 독해력 문제4

> **정답**
> 1. ①제정, ②매진, ③사색 2. ④ 3. 개기일식이 관측될 것으로 예상된 지역 4. ④ 5. ①

21. 내 의견을 구독 취소로 보여주겠어!

정답
1. ①지역 ②팔로우 2. ①○ ②○ ③× 3. ② 4. ② 5. 구독자, 후원, 캔슬 컬처

22. 학교폭력 기록이 4년으로 늘어나요

정답
1. ①4 ②취업 2. ①○ ②× ③× 3. ① 4. ④ 5. 학교폭력, 학교, 학폭위

23. 가정집 지붕 뚫은 우주쓰레기

정답
1. ①우주쓰레기 ②항공우주국 2. ①× ②○ ③× 3. ② 4. ④ 5. 소송, 정거장, 선례

24. 어린이 장화에서 발암물질이

정답
1. ①직구 ②안전성 2. ①○ ②× ③○ 3. ④ 4. ① 5. 유해, 장화, 기준치

25. 제로 슈거 음료 마시고 배탈이 날 수도 있어요

정답
1. ①제로 ②대체당 2. ①○ ②× ③× 3. ① 4. ③ 5. 다이어트, 설탕, 권장량

종합 독해력 문제5

정답
1. ①ⓒ, ②ⓛ, ③㉠, ④㉣ 2. ①구독, ②제로 슈거, ③발암 3. 그 지역에 대한 부정적인 말들 4. ③ 5. ④

26. 다이내믹 프라이싱

정답
1. ①록밴드 ②조조할인 2. ①× ②○ ③○ 3. ④ 4. ③ 5. 오아시스, 티켓, 다이내믹

27. 일본 사도광산 유네스코 세계유산 등재

정답
1. ①유네스코 ②노역 2. ①× ②○ ③○ 3. ③ 4. ① 5. 사도광산, 일본, 전시물

28. 이스라엘-팔레스타인 전쟁

정답
1. ①이스라엘 ②전쟁 2. ①× ②○ ③○ 3. ② 4. ② 5. 1, 가자지구, 휴전

29. 딥페이크 기술 어디까지 왔나

정답
1. ①딥러닝 ②실감 2. ①○ ②× ③○ 3. ② 4. ④ 5. 인간, 영상, 범죄

30. 파리로 간 아프가니스탄 여성들

정답
1. ①파리 ②육상 2. ①× ②○ ③× 3. ③ 4. ① 5. 아프가니스탄, 탈레반, 여성

종합 독해력 문제6

정답
1. ① 2. 일본, 노역, 세계인 3. ① 4. ④ 5. ③

공부의 힘을 길러주는
초등 신문 독해 1
ⓒ 정형권·김정원, 2025

초판 1쇄 인쇄 2025년 3월 17일
초판 1쇄 발행 2025년 3월 27일

지은이   정형권·김정원

펴낸이   이성림
펴낸곳   성림북스

책임편집   홍지은
디자인   북디자인 경놈

출판등록 2014년 9월 3일 제25100-2014-000054호
주소   서울시 은평구 연서로3길 12-8, 502
대표전화 02-356-5762   **팩스** 02-356-5769
이메일   sunglimonebooks@naver.com

ISBN   979-11-93357-44-6 (74070)
              979-11-93357-43-9 (세트)

* 책값은 뒤표지에 있습니다.
* 이 책의 판권은 성림원북스에 있습니다.
* 이 책의 내용 전부 또는 일부를 재사용하려면 성림원북스의 서면 동의를 받아야 합니다.